俯瞰図から見える

日本型IoT
ビジネスモデルの壁と突破口

Internet of Things

日立製作所 元執行役常務 IT統括本部長 大野 治 著

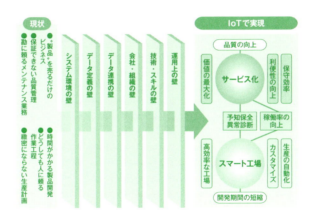

日刊工業新聞社

はじめに

　近年、IoTやAI（人工知能）というキーワードが氾濫している。夢のような社会が実現する話や仕事がなくなる話などが、次々にマスコミに登場し、世間をにぎわしている。だが、IoTやAIという言葉はバズワード化して実態がうやむやになることなく、着実に事業に組み込まれ、様々な業種に適用されつつある。

　筆者は2016年末に『俯瞰図から見える　IoTで激変する日本型製造業ビジネスモデル』を出版した。読んでくれる人がいるだろうかと不安だったが、思いもかけず発売後、重版することになり（2018年12月現在で16刷）、望外の幸せである。

　そして、翌2017年末に『俯瞰図から見える日本型"AI（人工知能）"ビジネスモデル』を出版した。こちらも発売後重版を重ね（2018年12月現在で6刷）、ありがたいことと感謝の思いでいっぱいである。

　読んでいただいた方々の反響の多くは、両書ともに『ユニークな俯瞰図』でIoTやAIの全体構造がわかったとの評だった。

　出版を契機にお会いした中小企業の経営者の方々からは、「海外の巨大メーカーや日本を代表する企業の動向はわかったが、中小企業の私たちは具体的にどうすればよいのか、どこから手を付けるのがよいのか」との問いが多かった。そして、日本での具体的な事例を教えてほしいという要望を多数いただいた。

　そこで、前著『俯瞰図から見える　IoTで激変する日本型製造業ビジネスモデル』の出版から3年経過した現在、日本企業のIoT化はどこまで進んでいるのか。IoT化が思うように進んでいない企業があるとすれば何が壁となって立ちふさがっているのか。この課題に対してIoT化における隘路や壁となる内的・外的要因などを明らかにし、同時にその対応方法の考え方や具体的な突破口をまとめることで、経営者や組織の部門長、企画立案者が現在の事業にIoTを適用する際の指針として活用できるものにしたいと、本書の執筆を思い立った次第である。

　本書が少しでも皆様のお役に立てれば幸いです。

2019年2月　　　　　　　　　　　　　　　　　　　　　　　　　大野　治

本書の構成

　企業がIoTやAIを自社の事業に適用するためには、まずそれらの基本的な構造を知り、その強み・弱み・限界・安全性、さらにはそれらの技術の活用により社会環境（生活環境）はどのように変化していくのかを理解する必要がある。
　そして、これらの技術をどのような観点でどう活用すればよいのか。IoT化を進める際には何が大切なポイントなのか、どこから手をつけていけばよいのか、何がネックなっているのかを把握する必要がある。
　IoTを単なる技術と見做してはならない。それではその背後にある製造業の大転換の動きを見逃してしまう。現在、IoTを活用して「モノ」から「コト」へのビジネス転換、すなわち「製品の販売」から「サービスの提供」へのビジネス転換、そして無駄の一切ない高効率な工場の実現が起こっている。どちらも顧客との長期的で良好な関係を構築し、共に利益を得る思想で、世界中の企業がこれに向かって進もうとしている。
　だからこそ上のような課題を解決するために、IoTに取り組む事業領域の戦略と日本企業のIoT化を阻む壁は何なのか、その壁を突破するための考え方や一部ではあるが具体的な方法をまとめたものがあれば、事業のIoT化を推進する際の指針として活用できるだろうと考えた。

　そこで序章では、2015年とそれから3年経過した2018年とで産業用IoTに関する世界の状況・趨勢はどう変化してきたか、産業用IoTで成果を上げているものは何かについて簡単に説明する。
　第1部では「あなたの会社はどんなIoTを目指すのか？」を第1章から第3章で明らかにする。第1章では、IoTの俯瞰図と市場構造とを示した後、日本の生産現場でのIoT活用ステージについて述べ、IoTを単なる技術と見做してはならないこと。事業のIoT化の目的は、「モノ」から「コト」への転換、すなわち「製品の販売」から「サービスの提供」への転換であり、無駄のない高効率な工場の実現であることを示す。
　第2章では、IoT化を進めている日本企業の事例を分野ごとに紹介し、日本企業のIoTの活用は着々と進んではいるが、経営的にはまだ大きな成果を得るところには至っていないこと。そこから見えてくる課題やIoT化を進めるにあたっての見えない壁の存在を明らかにする。最後の第3章では、IoTプラットフォームビジネスへの海外企業と日本企業の取り組みを示し、日本企業のIoTプラット

フォームビジネスへの取り組みに言及する。

　第2部では「あなたの会社のIoT構築の進め方」を第4章から第7章で明らかにする。第4章では、IoT化を阻む6つの壁の存在とそれを乗り越えてIoTを構築する手順について説明する。第5章では、IoT化を阻む大きな壁であるセキュリティ問題の実情を示す。その上で、サイバー攻撃をただ恐れるのではなく、実社会と同じように「万が一の事態への備える」解決策を示す。

　第6章では、IoT化を推進するにあたって最大の壁として立ちはだかっているコード統一問題の実情とその技術的な打開策を示す。第7章では、コード統一は、経営者が先頭に立って取り組まねばならないことを示した上で、会社組織の壁を乗り越えるためのトップの巻き込み方について、事例を通して示す。

　第3部では、本書を終えるにあたり、いくつかの提言をする。

　本書が、経営者や起業家（ベンチャー）、ならびに企画立案者や組織の部門長たちにとって、事業戦略を立てる上での指針の一つになればと願う。また、若い技術者や学生たちの参考書になればと願う次第である。

　ITについて造詣の深い元日立公共システムエンジニアリング取締役の蛯原貞雄氏に本書全体の統一性やストーリーについて、またIoTの事業化に日々取り組んでいる日立システムズ事業部長の前田貴嗣氏に日本企業のIoTの実情とそこで困っている課題について執筆協力をしていただき、本書は完成しました。ありがとうございました。

はじめに　1

序章　全体俯瞰から見える産業用IoTの真実の姿

第1章　IoTの俯瞰図と市場構造

1. 産業用IoTの特徴と3つの戦略 …………………………………… 18
2. サービス化へ向かう製造業―垂直統合戦略 ………………… 22
3. スマート化へ向かう工場―モノ重点戦略 …………………… 26
4. まとめ―日本ではまだ大きな成果は出ていない …………… 30
   COLUMN　スマート工場 ……………………………………… 31

第2章　事例で見る日本企業のIoTの取り組み状況

1. 製品のサービス化を目指す企業 ………………………………… 35
2. 工場のスマート化を目指す企業 ………………………………… 41
3. 物流・流通の効率化を目指す企業 ……………………………… 47
4. 農業・林業の安価なIoT化 ……………………………………… 50
   COLUMN　安価なIoT通信の登場　インフラに普及 ……… 58
5. まとめ―進むIoT化と世界の中で遅れる日本 ……………… 59
   COLUMN　工場のレイアウト ………………………………… 61

CONTENTS

第3章 IoTプラットフォームビジネスの海外と日本の違い

1 モノからサービスへの転換―GEの取り組み ……64
2 マイクロセンサーを武器に―ボッシュの取り組み ……69
3 完成したスマート工場の展開―シーメンスの取り組み ……72
4 動く世界のプラットフォーム事業 ……76
5 日本のIoTプラットフォーム事業 ……79
6 まとめ―世界の企業が今本気で動いている ……86
COLUMN　プラットフォームとは ……90

第2部 あなたの会社のIoT構築の進め方は

第4章 IoTに立ちはだかる6つの壁とIoT構築の手順

1 IoT化を阻む6つの壁 ……94
2 目指すIoT構築の手順 ……97

第5章 システム環境を整える セキュリティの問題とその解決策

1 情報セキュリティとは何か ……104
2 セキュリティインシデント ……107

3 IoTに関するセキュリティ施策の考え方 ………………………………… 116
4 安全なIoTのためのセキュリティ施策 …………………………………… 119
5 セキュリティ施策の事例 …………………………………………………… 129
6 まとめ—利便性とリスクの相反する関係 ……………………………… 132
COLUMN スイスチーズモデル …………………………………………… 134

第6章 コード統一の実態とその解決策

1 なぜ、コード統一しなくてはならないのか ……………………………… 138
2 日本企業のコード統一の壁（壁の発生とその原因） ………………… 141
3 海外企業のコード統一問題は ……………………………………………… 149
4 コード統一を達成する手順 ………………………………………………… 151
5 まとめ—日本でIoT化やAI導入が進まない最大の要因 …………… 160
COLUMN コープの法則（Cope's rule） ………………………………… 161

第7章 会社組織の壁を乗り越えるトップの巻き込み方

1 経営視点での見える化 ……………………………………………………… 163
2 コード統一の実施例—日立製作所でのコード統一 ………………… 168
3 日立システムズでの経営システムの統合 ……………………………… 174
4 まとめ—情報システム部門の社内での位置づけを変える ………… 178

CONTENTS

第3部 日本型IoTビジネスモデルへの幾つかの提言

- **提言1** IoT化はあなたの会社を進化させる
  環境は整いつつある　あとやるだけ！ ……………………… 182
- **提言2** IoT化による少子高齢化対策の実現
  人的ミスや人手不足を解決する ………………………… 186
- **提言3** 日本企業はどう対応すべきか
  IoTのキモであるプラットフォームビジネスについて ………… 188

おわりに　　190
謝　辞　　　191

参考文献　　193
執筆協力者　198

序章

全体俯瞰から見える産業用IoTの真実の姿

　IoTはバズワードではなく、実体のある活動としてはじまった。まず2011年にドイツ政府が「インダストリー4.0（Industrie 4.0）」を採択し、2013年に国家プロジェクト「インダストリー4.0 プラットフォーム」が発足した。次にアメリカで2012年にGEが「インダストリアル・インターネット」を宣言し、2014年には業界団体「インダストリアル・インターネット・コンソーシアム」（IIC：Industrial Internet Consortium）が発足した。

　その呼び名は各国で異なるが、その目的としているところや実現方法は確固とした技術に裏付けられていて同じだ。IoTを単なる技術と見做してはならない。それではその背後にある製造業の大転換の動きを見逃してしまう。「モノ」から「コト」へのビジネス転換、すなわち「製品の販売」から「サービスの提供」へのビジネス転換、そして無駄の一切ない高効率な工場の実現が起こっているのだ。

　このように従来のIT業界で流行した明確な定義の無いマルチメディア、ユビキタス、Web 2.0、クラウドなどのバズワードとは異なり、新たなビジネスへの転換や高効率な工場の実現を目指し、同時にユーザーとの利益の共有を目的として、政府やコンソーシアムなどの組織的な活動が先行して生まれたのが「IoT」（Internet of Things）である。

● ドイツのインダストリー4.0（Industrie 4.0）

　21世紀になりさらに発展したIT技術は、当然モノとモノをつなげ、生産工程もインターネットとつなげるようになった。さらに工場同士もつなげ、消費者のニーズに無駄なく応える「スマート工場」を実現する様相を呈し始めた。

　ドイツはこれまで自国経済の成功を支えてきた、従業員500人以下の中小企業が、グローバル化とIT化の波に乗り遅れて、衰退するような事態は避けなくてはならない。これらの問題に対処するために10年後、20年後の未来に向けて、

国を挙げて産官学一体となって取り組もうと、大きく舵を切った。

そこで打ち出したのが2012年からドイツが国家を挙げて推進する「インダストリー4.0」だ。その当初の目的はGDPの約25％、輸出額の約60％を占める製造業を日本や中国の脅威から守ること。また、アメリカのIT企業に製造業までが席巻されるのを防ぐことで、生産拠点としてのドイツの競争力を保持していこうとする戦略だった。

ドイツ政府は、インダストリー4.0実現のために必要となる研究と革新の10年後、20年後までのロードマップ「インダストリー4.0実現戦略」を作成し、必要な革新および研究の活動内容やその助成に政府が予算をつけて産官学一体となって取り組んでいる。このような「インダストリー4.0」の取り組みにはドイツ人の国民性を感じる。

国家を挙げて整然と標準化に突き進み、6年が経過した現在、ドイツは「インダストリー4.0」の実績に自信を持ってきたのだろう。「インダストリー4.0」の目的は中国や日本とも連携してドイツが市場をリードする役割を担うことで、ドイツの製造業が勝ち組になることに変わってきている。

ドイツは標準化を主導することによって、中小企業の生産した付加価値の高い製品を輸出できるだけでなく、工場設備やそのシステムを輸出することもできる。今やインダストリー4.0の狙いは「ドイツ流ものづくり」を世界標準にすることだ。世界標準を獲得すれば、その技術を利用する世界中の企業からロイヤルティを得るとともに、情報を吸い上げてビッグデータ化し、新たな技術を生み出すこともできる。

この目的達成に向かってドイツが常に動向を注視しているのが、IICではなく、GEやグーグル、アップルなどの企業の動向だ。ドイツが中国や日本、そしてアジア新興国を脅威と感じていることに変わりはないが、それ以上にアメリカの新しいタイプの製造業に危機感を抱いている。

●アメリカのインダストリアル・インターネット・コンソーシアム（IIC）

GEは事業の柱である電車や船舶、航空機エンジン、発電所のタービン、医療機器などのネットワークに繋がる機械からの膨大なデータを解析し、それらの機械を効率化することで顧客に価値を提供できると考えた。そしてその効果を「1％の効率化が年間200億ドル（2兆2000億円）の利益を生みだせる」と試算し、公表した。さらにGEは、将来のインダストリアル・インターネットの市場規模は、世界のGDPの46％（32兆ドル）にもなるとの予想も発表した。

そして2014年、GE、インテル（Intel）、IBM、シスコ（Cisco）、エイティアンドティ（AT&T）の5社がインダストリアル・インターネット・コンソーシアム（IIC）を設立し、世界中の企業にこのグループに入るよう呼びかけた。

IoTシステムに接続されるデバイス数は、2020年には200億を超えると、独立行政法人 情報処理推進機構（IPA）が2018年4月に予測していた。その直後、総務省は2020年にはIoTデバイス数は約300億を超えると平成29年版「情報通信白書」で予測している。ここに飛び交う膨大なデータを収集して分析することで、新たな顧客価値創出への貢献が期待されている。

この膨大なデータを解析・活用することで、現在のグーグル、アップル、フェイスブック、アマゾンといったインターネット企業のように、顧客に価値を提供する新しいビジネスモデルを生み出すことができるというのが、インダストリアル・インターネットに取り組む先進企業の目標だ。

IICの目的は「革新的な製品・サービス・手法を生み出すこと」であり、先進的な結果を誰よりも早く報告することにより、デフォルト・スタンダードを決めてしまおうというもので、必ずしも標準化を目的とはしていない。

IICの主な活動は、インダストリアル・インターネットのコンセプトに合う顧客導入事例（ケーススタディ）の共有と、インダストリアル・インターネットのコンセプトの実現に取り組んだ「実証実験」の二つで、IICはこの先行事例と実証実験を競い合う報告の場となっている。

2015年12月時点のIICでは、9つの実証実験と22のケーススタディが報告されていた。それが2018年7月時点では、28の実証実験と27のケーススタディが報告されている。この3年でかなりの実証実験を積み、それをケーススタディまでに発展させ、実績を着々と上げている。

IICの実証実験には多くの日本企業も参画しているが、そこで確認された技術をケーススタディにまで持ち込み、ディファクトスタンダードを狙う動きにまでは至っていない。いつものように世界の趨勢に遅れないように参画しているだけなのだろうか。もしそうならば、日本企業が世界で影響力を与える存在にはなれないと思う。

このインダストリアル・インターネット・コンソーシアム（IIC）には、2015年9月時点の加盟企業数は223社だった。2018年7月時点でインダストリー4.0の主要メンバーのドイツ企業も含めた217社が加盟している。世界最大のIoT推進団体であるIICの加盟企業は、少しずつ入れ替わっているが、おおよそ220

社前後で推移している。

　2016年3月、ドイツのインダストリー4.0とアメリカのIICは、両者が協力して国際標準を策定していくことで合意した。海外主導のルール改定により日本のスポーツの競争力が低下したように、何事でも決まり事（ルール）を決めた者が有利になる。つまりドイツとアメリカの両国とも、今後の製造業のルールをつくって市場で有利に立つことを狙っているのだ。

●日本のIoT

　日本はドイツやアメリカに遅れて2015年6月、日本機械学会生産システム部門の「つながる工場」分科会が母体となって、「つながる工場」の実現を目指すコンソーシアムIVI「Industrial Value Chain Initiative」を設立したのが、IoTの取り組みの始まりだった。

　安倍政権の「日本再興戦略」の核となる「ロボット新戦略」を実践する団体「ロボット革命イニシアティブ協議会（RRI）」のワーキンググループの1つが「IoTによる製造ビジネス変革WG」で、日本の製造業やITベンダーなどが参加して、主に製造業のIoT活用による変革をテーマとしている。第1回の会合が2015年7月に開催された。

　そして2015年10月に経済産業省と総務省が協力して産官学民の「IoT推進コンソーシアム」を設立した。IoT推進コンソーシアムは全産業を対象としたIoTの社会実装の実現とそのための技術開発、政府支援などを主目的としている。対象範囲としてはIICと似ている。

　このように日本ではIoTの活動が「コンソーシアムIVI」と「RRIのIoTによる製造ビジネス変革WG」、「IoT推進コンソーシアム」の3つに分かれて進められている。

　また、「からくり」好きの日本は、その呼び名をドイツの『インダストリー4.0』やアメリカの『インダストリアル・インターネット』のように具体的な目的をイメージできる言葉ではなく、いつものように『IoT（Internet of Things：モノのインターネット）』という仕掛けの言葉を使用した。この言葉からIoTを単なる技術と見做して、「モノがインターネットにつながれば、それがIoTなのだろう」と、目的のわからない動きが生じている。このためIoT化の目的である利益の創出に至らずに、「わが社もIoTをしている」から、と妙な安心感を持っている企業が散見される状況になっている。

経済産業省は日本の産業競争力を維持強化するために、『日本版インダストリー4.0』の検討を行っている。また、同時に日本が『インダストリー4.0』や『インダストリアル・インターネット』の主要パートナーとなり、グローバルプレーヤーとしてのポジションを確保する方策も検討している。

遅れた日本は、2016年4月にドイツと手を組むと発表し、2016年から始まる5ヵ年計画「第5期科学技術基本計画」として「ソサエティー5.0」という概念を、2016年1月に閣議決定し、巻き返しを図ろうとしている。

●中国の「中国製造2025」

中国は「一帯一路」構想とこれを資金面で支える「アジアインフラ投資銀行（AIIB）」、さらにドイツとの強力なパートナーシップとを背景に、中国版インダストリー4.0と呼ばれる「中国製造2025」に取り組んでいる。

「中国製造2025」は、中国が2015年に打ち出した中国製造業発展にむけた10年のロードマップのことである。その内容は、今世紀半ば（中国建国100周年の2049年）までにアメリカと並ぶ中国社会主義現代化強国の実現に必要な、ハイテクや素材産業のイノベーションとスマート化にフォーカスした戦略だ。

ターゲットとして掲げている具体的な産業は、①半導体・次世代情報技術、②AI、③航空・宇宙、④海洋設備・ハイテク船舶、⑤EV・新エネルギー車、⑥電力設備（原子力）、⑦農業設備、⑧高速鉄道・リニア、⑨新素材、⑩バイオ医療の十大分野だ。[注1]

アメリカに次いで大きな市場を持つ中国は、最近相次いでドイツの先端企業を買収している。例えば、中国家電大手の美的集団（ミデア・グループ）が産業用ロボット世界シェア第2位のクーカ社（KUKA AG）を買収した。

中国とドイツは戦略的提携関係にあるが、こうした動きにドイツは神経質になっており、ドイツは化学技術企業の買収を制限する法改正に着手する見通しだと報じられている。

中国は「中国製造2025」を掲げて、AIやIoTなどの先端技術を活用して製造大国から製造強国へと邁進している。現在、中国を取り巻いている環境は必ずしも平坦ではなく、むしろ状況は非常に厳しい。対外的には欧米との技術競争があ

[注1] 「中国製造2025」の十大分野の中でアメリカが脅威を抱いているのは、半導体および次世代情報技術で、具体的には中国に5Gで主導権をとらせないという見方がある。その具体的な表れが、通信設備および通信端末の開発および生産を事業とするZTE（中興通訊：ちゅうこうつうじん）に対する米企業の禁輸措置であり、ハイテクコングロマリット紫光集団によるマイクロンの買収の阻止だと言われてる。

り、新興国とは価格競争を強いられ板挟みになっている。また対内的には、一時の2桁成長から安定成長という新常態に移行している最中だ。

ドイツの「インダストリー4.0」に学んだ中国の「中国製造2025」の取り組みは、資金力とアメリカに次ぐ巨大市場を持つために、アメリカとの経済戦争が落ちつけば、成功する可能性は高いだろう。

●産業用IoTは着実に成果を上げつつある

2015年から3年経過した2018年現在、産業用IoTで成果を上げ始めた技術的要因には、次のようなものがある。

一つはIoTとAIの組み合わせによる実用化がはじまったこと、二つは膨大なIoTデバイスが使われ始めたこと、三つはそこで飛び交う膨大な情報量を裁く高速通信（5G）の実用が始まろうとしていることなどだ。これらの技術革新によって、一般に見える製品として自動運転車やドローン、自動配送車、眼を持ったロボットなどが着々と実用化されつつある。

また一般に見る機会は少ないが、製造業の成果物がモノ（製品や部品）からサービスの提供へと変化していることは確実である。これにより、製造側の売り上げの安定やコストダウンによる利益の創出だけでなく、提供を受ける顧客側の購買コストも低下し、社会全体が恩恵を受ける兆候が出始めている。

さらに、IoTシステムのOSにあたるIoTプラットフォームや業種ごとのIoTアプリケーションの販売も始まり、海外では既存事業にIoTを導入する動きが一挙に広がる気配も出てきている。また、IoTプラットフォームの覇権をめぐって熾烈な争いが展開され始めている。

その一方で、IoTシステムに対するサイバー攻撃による被害が現実に起こってきた。また、ますます複雑化するネットワークやセキュリティを確保したIoTシステムの運用など、新たに解決しなくてはならない課題がクローズアップしてきた。これらについては後の章で概観する。

本書では以後、「既存事業にIoTを導入する」という表現を短縮して、「既存事業のIoT化」または単に「IoT化」と表現することとする。

●日本の産業用IoTの現状

2015年当時はほとんどの製造業がIoTの勉強中、試行中の状況だった。それが2016年になると、「従業員数1000人以上の企業のほぼ半数がIoTの必要性を認識し、限定的導入を試みている」とIDC Japanが調査レポートを出し、2017年2月

のガートナーの調査レポートでも、国内のIoTへの取り組みが緩やかに前進していた。

さらに、2018年3月のIDC Japanの「国内IoT市場 産業分野別予測」でも、総務省の「平成28年度版 情報通信白書」でもIoTの導入率は着実に増加していると報告されていた。このように日本でもマクロに見ると、着々とIoT化は進んでいるように見える。

しかし個々のIoT化の実態を見ると、一部には予知保全に代表される新たな付加価値提供モデルも出現しているが、多くの日本企業が取り組んでいるのは、製造プロセスのデータ収集・活用によるカイゼン活動以上の付加価値提供にまでは至っていない事例が多い。

この原因は何だろうか。以下の各章で、日本の製造業がIoTを活用しているにもかかわらず、付加価値の創造に成功していない原因となっている壁を明らかにし、併せてその突破方法を論ずる。

第 **1** 部

あなたの会社は
どんなIoTを目指すのか？

IoTの進展により、様々なモノや人がネットワークにつながり、大量のデジタルデータの生成・収集・蓄積が進みつつある。これまでデータ化されていなかった情報、例えばモノや人の位置や活動状況などの情報がデータ化され、ネットワークを通じて集積されてビッグデータとなり、それらのデータをAIによって分析し、企業では業務処理の効率向上や生産活動や経営にかかわる予測精度の向上などに活用することで、サイバー空間とリアル空間において新たな価値創造につなげようとしている。

　これを支えているのが、センサーが高性能で安価になったこと、センサーのデータを収集する通信が高速で安価になりつつあること、AI技術が次々と開発されて応用され始めたこと、IoTのプラットフォームが整備されつつあることなどだ。

　これにより、20世紀までの経済活動の基盤は安定的なエネルギーとファイナンスの供給だったが、21世紀のデータ駆動型社会の経済活動での最も重要な糧は、良質で最新の豊富なリアルデータになってきている。そしてこのデータを求めて世界のビッグプレイヤーがしのぎを削っているのが現在だ。

　第1部ではこんな21世紀の社会で、「あなたの会社はどんなIoTを目指すのか？」を第1章から第3章で明らかにする。

　第1章では、IoTの俯瞰図と市場構造とを示した後、日本の生産現場でのIoT活用ステージについて述べ、IoTを単なる技術と見做してはならないこと、事業のIoT化の目的は、「モノ」から「コト」への転換、すなわち「製品の販売」から、「サービスの提供」への転換であり、無駄のない高効率なスマート工場の実現であることを示す。

　第2章では、IoT化を進めている日本企業の事例を分野ごとに紹介し、日本企業のIoTの活用は着々と進んではいるが、経営的にはまだ大きな成果を得るところには至っていないこと、そこから見えてくる課題やIoT化を進めるにあたっての見えない壁の存在を明らかにする。

　第3章では、IoTプラットフォームビジネスへの海外企業と日本企業の取り組みを示し、日本企業のIoTプラットフォームビジネスへの取り組みを提言する。

第1章
IoTの俯瞰図と市場構造

産業用IoTの特徴と3つの戦略

●産業用IoTの特徴

　産業用IoTの特徴の一つは製造業がサービス業に変化することだ。例えば、GEは航空機エンジンという「製品」を販売する企業だったが、IoT化によって「ソフトウェア制御によって最適なタイミングでメンテナンスされた低コスト・高稼働率の航空機エンジンを提供するサービス業」に転換しつつある。

　これまで社会インフラを製造して納入する「＝顧客の資産として引き渡す」ことに専念してきた製造業が、自社の製品「ソフトウェア制御されたインフラ（＝メーカー側の資産）」を顧客にサービスとして提供するというビジネスモデルに変わろうとしている。このように「ソフトウェア制御された製品の利用サービスの提供」が、産業用IoTの本質である。[注1]

　産業用IoTのもう一つ特徴はスマート工場の実現だ。スマート工場では工場内のあらゆる工作機械や生産ラインなどをネットワークで接続し、それらに装着したセンサーで機械の稼働状況を把握し、工場全体の生産性や品質の向上、並びに工作機械や生産ラインなどの予知保全をすることで、工場全体の稼働率を上げて利益の最大化を目指す。

　またスマート工場では固定的な生産ラインの概念がなくなり、動的・有機的に再構成できるセル生産方式を取ることができ、研究開発から生産までの速度を速めて競争力のある製品を生産することなどが期待されている。

注1）GEの元CEOジェフ・イメルトは、「ハードウェアだけで競争に勝てる時代は終わった。インダストリアル・インターネットに取り組むことで、ハードウェアは同じままでもソフトウェアを使ってハードウェアの能力を引き出して、顧客にとっての価値を最大化することができる」と述べている。

第1章　IoTの俯瞰図と市場構造

　この2つの特徴を実現する産業用IoTシステムの構成は、概ね同じである。同じシステム構成となっているのは、産業用IoTシステムが「リアルタイム性 × 広域性」のニーズを同時に満たさねばならないためだ。

　一つはリアルタイムで進行する状況に対して、クラウド環境上のソフトウェアがビッグデータをリアルタイム処理し、自動で監視・最適化を実行する機能が必要なためであり、もう一つは広域分散した設備・インフラに設置されたセンサーやカメラなどから様々なビッグデータが、広域ネットワークを介してクラウド上に集約する機能が必要となるためである（**図表1-1参照**）。

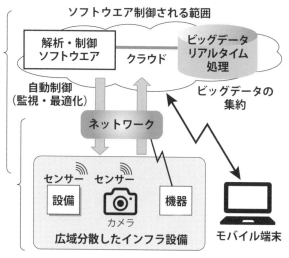

出典：「俯瞰図から見えるIoTで激変する日本型製造業ビジネスモデル」から転載

図表1-1　産業用IoTのシステム構成

● IoTの俯瞰図（8つの技術階層）

　IoTは8つの技術階層によって構成されると筆者は考え、このことを前著『俯瞰図から見える　IoTで激変する日本型製造業ビジネスモデル』で示した（**図表1-2参照**）。

　図の縦軸は技術階層を示していて、8つの技術階層は最下層のモノ（部品・製品）から最上層の運用サービスまでの流れに添って構成されている。図の横軸は、縦軸の技術を垂直統合してサービスとして提供する産業分野として定義している。

第1部　あなたの会社はどんなIoTを目指すのか？　19

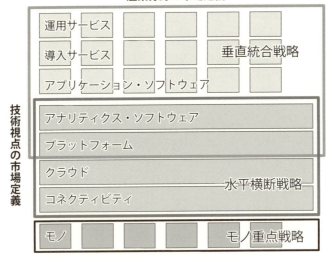

出典:「俯瞰図から見えるIoTで激変する日本型製造業ビジネスモデル」から転載

図表1-2　IoT技術視点と産業分野の市場から見た俯瞰図

　ビッグデータの発生源はセンサーを内蔵したモノ（部品・製品や人など）だ。センサーを取り付けたモノは、スマートフォンや家電などの民生品だけではない。発電・送配電・自動車・航空・工場・ビル・運輸・医療など、様々な分野の社会インフラのあらゆるモノにもセンサーは取り付けられる。

　多種多様なモノから発せられたビッグデータは、ネットワークを介してクラウドに収集される。この有線および無線のネットワーク網を「コネクティビティ」と呼んでいる。

　コネクティビティを経由したビッグデータは、仮想化されたハード領域、つまり「クラウド」に集約され、格納される。大規模なデータの処理に耐え得るためには、ハード領域には拡張性に優れた仮想化技術が重要になる。

　モノからリアルタイムで収集されたビッグデータは円滑に処理されなければならない。そこで、それに耐え得る基盤（プラットフォーム）が求められる。ビッグデータの広域収集と、収集したデータをリアルタイム処理することが可能な性能を持つIoT専用のプラットフォームが必要になる。すでに多くの企業が、「IoTプラットフォーム」と称するサービスを提供している。

　「モノ」から「クラウド」に集約されたビッグデータを、即座にAIを用いて分析・解析し、その結果をリアルタイムにモノまたは人間に返す。これを行うのが

「アナリティクス・ソフトウェア」だ。応用する産業分野ごとに「アプリケーション・ソフトウェア」が必要になる。

以上のようなリアルタイム性と広域性を同時に満たすIoTシステム一式を独自導入することは、中小企業だけではなく大企業においても、技術面、運用面で多くの困難が伴う。このため、「導入サービス」やIoTシステムそのものをサービスとして提供する「運用サービス」などのビジネスが成立しつつある。

●IoTの3つの戦略

技術視点の8市場セグメントに対する企業の進出状況を分析した結果、各企業の戦略は3つのパターンに分類できる。

「垂直統合戦略」と呼ぶ第1のパターンは、自社の製品や部品にセンサーを装着して特定マーケットを対象に、最終的な顧客の立場・意向に沿ったサービスを提供する戦略をとっている。これにより、付加価値向上（モノ→コトなど）によるサービス向上や売上向上を目指している。

「モノ重点戦略」と呼ぶ第2のパターンは、生産管理やマーケティング分析に関する生産性向上による収益性の向上（生産量の拡大）を得意とする企業が、工場内の工作機械や生産ラインなどをネットワークで接続し、それらのセンサー情報をもとに工場全体の効率的な稼働を実現することで利益を産み出すスマート工場の実現を目指している。

「水平横断戦略」と呼ぶ第3のパターンは、第1と第2のIoT活用を支援することで売り上げの向上を目指している。具体的には、IT企業がクラウドやネットワーク階層で異なるマーケットを横断して事業展開しているのと同じように、ビッグデータ解析ソフトや人工知能やIoTプラットフォームで優位を築く戦略とっている。

あなたの会社はどこを目指すのか？

2　サービス化へ向かう製造業──垂直統合戦略

●垂直統合戦略企業の市場

　GEやボッシュのように垂直統合戦略（製品や部品にセンサーを装着して顧客にサービスを提供する戦略）をとっている各社の進出分野を産業別にマッピングして市場を定義し、『技術階層（縦軸）×産業分野（横軸）』のマトリクスで示すと**図表1-3**のようになる。

　この図こそがIoT市場の全体像を示す地図であり、垂直統合戦略をとろうとしている各企業が競う戦場である。IoT市場に参入しようとするすべての企業が、この地図のどこにポジショニングするかの戦略を明確にする必要がある。中でも垂直統合企業の戦略は事業レベルの戦略ではなく、企業が社運を賭けた戦略だ。そこを勘違いして中途半端に市場参入すれば、火傷を負うだけである。

　本書で取り上げているGE、ボッシュ、シーメンス、IBM、マイクロソフトや、

業務分野の市場定義

マーケット分類	エネルギー			産業・水			アーバン			金融・公共・ヘルスケア			コンシューマ		
競合各社が進出している顧客分野	送配電網	発電プラント	オイル・ガス	鉱山掘削	自動車	航空	製造工場	水プラント	ビル設備	スマートシティ	運輸・鉄道	保険	ヘルスケア	公共・政府	小売／サービス	ホーム・家電	エンターテインメント

技術視点の市場定義：

- 運用サービス
- 導入サービス
- アプリケーション・ソフトウエア
- アナリティクス・ソフトウエア
- プラットフォーム
- クラウド
- コネクティビティ
- モノ

出典：「俯瞰図から見えるIoTで激変する日本型製造業ビジネスモデル」から転載

図表1-3　垂直統合戦略会社のマーケット

日立、富士通は自らの部品・製品あるいはパートナーの部品・製品にセンサーを装着して、垂直統合サービスを始めている。この動きは産業界に甚大な影響を及ぼす。

今後、製造業はこぞって自らのモノ（部品・製品）にセンサーを装着して、最終的な顧客の立場・意向に沿ってサービスを提供しようと競い始めるだろう。それはそう変身しなくては生き残れないからだ。

●サービス化の範囲

垂直統合戦略を採る企業は、IoT技術を用いてサービス化を図ることで、自社の製品の競争力を高めようとする。

サービス化の目的は、製品を販売した後も継続的に顧客とのコンタクトを続け、関係を維持しながら部品などを含めたアフターサービスで売り上げを確保し、次の新規製品への買い換えやマーケティングや次期製品の設計・開発につなげていくことだ。これだけなら従来から採用してきた戦略だと思われるだろうが、ここにIoTを活用して製品は同じままでも製品の能力を引き出し、顧客にとっての価値を高めるのだ。

例えば販売した商品一台ごとの稼働情報を一元管理することで、製品のライフサイクル全体にわたった情報活用が可能となる。タイムリーなきめ細かいサービスは、製品の販売によって得る利益よりも大きくなる傾向がある。これはIT産業が長年やっている手法だ。IoT化は、この方式をすべての製品に適用できるのだ。

具体的には、商品にセンサーを取り付け、そこからリアルタイムにデータを収集する。収集したビッグデータを分析・解析することで、顧客へのサービスを強化する。そのサービスの内容は、製品と同様に企業が得意とするもので変わり、サービス化の範囲は企業が自社の事業をどこまでの領域にするかで変わる（**図表1-4参照**）。

例えば部品工場の立場で考えると、サービス化は生産システムの効率化から始まり、図表1-4の一番下のサプライチェーンのそれぞれの利便性の向上になるようにすることだ。工場から出荷した部品サービスの範囲をサプライチェーン上のどこまでにするかがひとつのポイントとなる。この代表的企業がGEやボッシュであり、日本のコマツだ。彼らは図表1-4のサービス化の範囲を順次広げ、遂には最終ユーザーにまで拡張している。

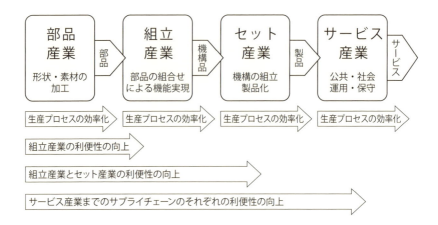

図表1-4　サービス化の範囲

●GEのサービス化の事例

　IoT化を牽引している代表的なGEのサービス化の経緯を見てみよう。GEは航空機エンジンに多数のセンサーを組み込んで、ユーザーである航空会社に納品する。そのセンサーから送られてくる膨大なエンジンの稼働状況に関するデータを分析して見える化した。

　そして、まず航空機エンジンの故障予兆検知から試行して成果を確認した後、航空会社に故障の予兆を発見して連絡するサービスを始めた。次に航空機エンジンの稼働状況に関するデータの分析結果から、航空機の燃費改善を提案した。また航空機エンジンの備品や消耗品の適切なサービスをするなど、航空機の最適な運航を提案した。このように航空会社のオペレーションにフィードバックするサービスを増やしていった（**図表1-5**のＡの枠を参照）。

　このような経過を経て、GEは航空機エンジンの「モノ売り」ビジネスから安定で高効率なオペレーションを提供する「サービス売り」ビジネスへと転換しつつある。つまり、航空機エンジンを販売するのではなく、航空機エンジンの機能を提供するというサービス業に転換しようとしている。

　これは、GEの収益の向上と安定化に寄与するだけでなく、顧客にも大きなメリットを与えている。そして、そのサービスの範囲を航空機から航空会社へと拡大しようとしている。GEはこのような航空に関係するシステムすべてを構築することにより、自社の航空機エンジンや装備品の競争力を高めている。このようなビジネスモデルを、GEは自社の様々な事業への横展開を推進している（図表1-5のＢの枠を参照）。これについては第3章で再度触れる。

第 1 章　IoT の俯瞰図と市場構造

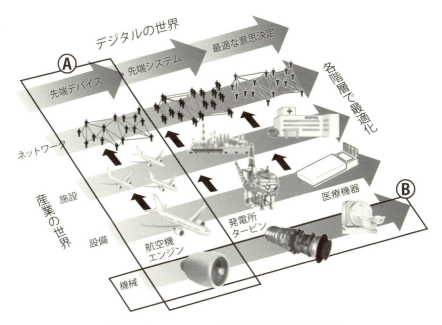

出典：GE「Industrial Internet」(2012/11) をもとに筆者が作成

図表 1-5　GE「インダストリアル・インターネット」の応用例

3 スマート化へ向かう工場─モノ重点戦略

　スマート工場の定義はいろいろあるが、本書では前述したように、工場全体の生産性や品質の向上、工作機械や生産ラインなどの予知保全などにより、工場全体の稼働率を上げて利益の最大化を目指すのがスマート工場だと定義する。スマート工場については【コラム　スマート工場】を参照していただきたい。

　モノ重点戦略を採る企業は、IoT技術を用いて自社工場のスマート化を図ることで、自社の製品の競争力を高めようとしている。この代表的企業がシーメンスであり、三菱電機だ。

●工場のIoT化のステージ

　生産プロセスの効率化を追求する際に、最初から製造ラインの様々な機器や設備の故障の「予兆診断」を実現しようとはしない。IoTの活用を始める際には必ず小額の投資でその効果がどの程度のものかを確認しつつ、次のステップへの拡大を計画する。

　具体的には、特定の工場のIoT化で効果の期待できそうな、効果がはっきりと計測できる製造ラインから始める。その効果が見込み通りである確証を得て、複数のラインに展開する。さらにその効果を見極めつつ、順次複数の工場に展開する。そして最終的には、工場間の生産調整をする段階へと発展していく。工場でのIoTの活用範囲の広がりを軸に、どのレベルの「つながり」を目指すのかに着目してステージ分類したものを図表1-6に示す。

●第1ステージ

　図表1-6に示すように生産現場でのIoTのステージは、まず特定の工場で設備データをモニタリングして、事前対策的な設備保全による稼働率や良品率の向上、さらに生産数量の変動を常時把握して生産日程計画の最適化を図る。そのためにすべての製造活動のデータを収集・蓄積してトレーサビリティを担保する。これが「第1ステージ」だ。

　この第1ステージのIoT化は、実際にはさらにいくつかのステップに分かれて進められている。最初のステップは、まず「解決すべきことは何か」を決めることだ。これがないとやみくもにデータを収集して何ができるのかと検討すること

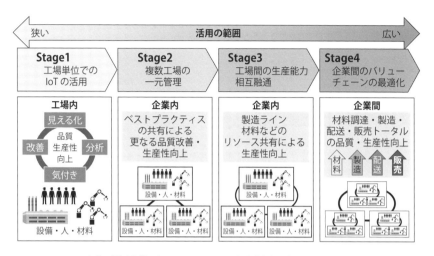

出典:「株式会社日立コンサルティングの提案資料」を参考に筆者が作成
図表1-6　工場でのIoT活用ステージ

になり、時間を消費することになる。解決したいことが決まると、「何が見える化」できれば解決できるのか、どんなデータが必要なのかが明らかになる。

次にやることは、「現場設備をつないでデータをデジタル化」することだ。収集したデータがアナログデータであれば、活用するためにはデジタル化する必要がある。デジタル化されていてもデータ構造や採取時間の周期が違えば、分析に不都合なのでデータの整合性を図らねばならない。

集まってきたデータをデータベースに蓄積する。データが揃うと様々な方法で生産ラインの設備や人の行動の見える化ができる。これが「ファシリティの見える化」で、可視化することにより、ボトルネック（ムダ）の把握などができる。例えば組立てラインは標準時間と実際のギャップの差をなくして計画通りに生産したいと考える。タクトタイムを積上げると生産にかかる時間がわかるが、実際はラインの停止（チョコ停）が発生し、計画通りの生産量にならない。[注2]

チョコ停は設備の故障でも起こるが、作業者が何かの理由で停止ボタンを押しても発生する。その理由を残すのに日報などに記入して後工程に渡しているが、人がしていることなので記入ミスなどがあり、何が原因かの分析にムリ、ムダ、ムラが発生する。

注2) 生産設備が何らかのトラブルにより、「停止や空転などの短時間の停止が何度も繰り返し発生していること」をチョコ停と言う。チョコ停の「チョコ」という言葉は「チョコチョコ止まる」という表現から取られたもの。

第1部　あなたの会社はどんなIoTを目指すのか？　27

つまり工場内のあらゆる工作機械や生産ライン、人の動きなどを収集したデータを統計的手法により分析し、数値やグラフによって傾向や状態を視覚化する。これにより、様々な気づきが生まれる。そして発見されたムダを改善していく。具体的には、様々な機器や設備の稼働状況やエネルギー利用状況などの「見える化」の実現から始めている企業が多い。

次のステップが「予兆検知・異常診断」で、工場内のあらゆるモノから収集したデータを基に故障や劣化を検知し、故障が発生する前の適切なタイミングでメンテナンスを行うことで、機器の稼働率を高める。またこれまで過剰だった予防保全が不要となりメンテナンスコストが削減できる。さらに変化点の把握によって故障原因の究明が可能になる。この予兆検知や異常診断にはAIが活用されている。

● 第2ステージ

企業内のすべての工場の生産ラインの稼働データを集中管理する。そのデータに基づいて、生産性や品質、省エネなどの観点で評価した結果、最も優れているプロセスを選び、そのベストプラクティスをすべての工場に横展開することにより、各工場の設備設定を最適化して、良品率や稼働率を向上する。これが「第2ステージ」だ。

ここまでくるとあらゆるモノから収集したデータの分析結果をもとに、より効率的な動作をするようにモノの「制御」を行い効率向上が図れる。さらにAIを活用してモノの制御の自動化へと続く。

このベストプラクティスとして評価される観点は、競合相手などとの比較により常に変わる。だからマザー工場がいつも優れているとは限らないので、柔軟な発想で取り組まねばならない。

最後がこのステージでは期待効果はどの程度見込めるのかの確認や、投資額や開発期間はどの程度かの確認である。技術課題はセンサーからデータを継続して収集することができるか、安定して稼働するかなどだ。

● 第3ステージ

複数工場間における企業内バリューチェーンの最適化に向けて、各工場の工程レベルで工場間のネットワークを仮想モデル化し、需給計画と生産日程計画、それに基づく出荷計画を作成する。この計画と実績の差異をタイムリーに把握し、仮想モデルを更新して計画精度を向上させる。また、不良品発生時に、製造にか

かわる原材料情報や工程情報といった品質関連情報を企業内の複数工場間、設計部門・製造部門・サービス部門などの部門間で共有し、原因分析を迅速化する。これが「第3ステージ」だ。

　ここまで到達している企業はまだ少ない。このステージでは企業内の拠点を跨いだ全体最適を目指して工場間の生産能力の相互融通などをするため、企業の基幹システムをはじめ、あらゆるモノをネットワークでつなぐ必要がある。するとサイバー攻撃などからのセキュリティ対策が大きくクローズアップされてくる。それと企業としてのコード統一の問題を解決しなくては大きな果実を得ることができない。

　このステージは国内外の工場すべてでIoT化を推進するので、そのための人材の確保や育成、さらに、海外に展開するために複数の言語での規則・手順などのマニュアル化や教育が必要になる。

●第4ステージ

　そして企業を跨いだ全体最適を目指して利益配分の適正化まで踏み込むことで、より大きな成果を得る。これが「第4ステージ」で、ここまで到達している企業はまだ極めて少ない。

　例えば部品を調達するサプライチェーン上の企業の場合なら、これらの企業間では統一されたデータのやり取りをするルールとその仕組みを構築しなくてはならない。つまり、サプライチェーン上の企業をひとつの仮想工場としてネットワーキングするための標準的なオープン通信規格が必要になるのだ。

　ここまで来ると、まさにドイツの「インダストリー4.0」と目指しているものが同じになる。だからドイツは通信規格の制定に力を注いでいるのだ。実際、「インダストリー4.0実現戦略」報告書では、通信規格の標準化に関する概念に多くの紙面が割かれている。

　以上のように工場内での生産プロセスの効率化を追求するステージごとに、経営課題と技術課題が山積している。これらを一つひとつ解決して進めなくてはならない。ここにIoTコンサルやIoTサービス会社の出番がある。

まとめ—日本ではまだ大きな成果は出ていない

　日本の製造業やその他の産業でのIoT活用は着々と進んでいる。だが、その詳細を見てみると経営的にはまだまだ大きな成果を得るところまでには至っていない。

　理由の一つは、IoTをモノのインターネットの技術だと安易に考えて、製品や装置にセンサーを取り付けて、ネットワーク経由でセンサー情報を収集する仕組みを構築すれば、自社もIoTの活用を始めていると考える企業があるからだ。

　しかし、それではその背後にある製造業の大転換の動きを見逃してしまう。IoTを単なる技術と見做してはならない。「モノ」から「コト」への転換、すなわち「製品の販売」から「サービスの提供」への転換であり、無駄の一切ない、高効率なスマート工場の実現である。どちらも顧客との長期的で良好な関係を構築し、共に利益を得る思想で、世界中の企業がこれに向かって進もうとしている。

　最近、工場などの生産現場でのIoT活用は日本でもかなり活発になってきている。しかし、シーメンスや三菱電機のようにスマート工場を目指すところまでには至っておらず、IoT化の実態は前述した第1ステージや第2ステージに留まっている企業が多い。その具体例は続く第2章に詳述する。

　またGEやボッシュ、シーメンスのように垂直統合戦略を採用して、自社の製品を顧客がサービスとして利用するビジネスモデルに転換する企業も出始めている。しかし事業の柱として育つところまでには至っていない。海外と何が違うのかについては第3章に、何が原因なのか、日本企業はどうすべきかについては第2部の各章に詳述する。

COLUMN

スマート工場

　最近よく使われるスマート（smart）とは何だろうか。英和辞典を見ると、①明敏な、抜け目のない、②身なりがきちんとした、③コンピューター化した、④きびきびした、鋭いなどが並んでいる。

　でも筆者の若いころは、「スマート」とは「体つきがほっそりして格好いいこと」や「痩せていること」を表す言葉だった。最近の「スマート」の代表はスマートフォン（smartphone）だろう。このおかげで英語のsmartが言わんとしている「賢い」という意味が、日本でも浸透しつつある。IT関係では、原義の「賢い」「気が利く」などの意味から転じて、「コンピューター化された」「情報化された」「高度な情報処理機能が加わった」などの意味で用いられている。

　「スマート」という言葉に学問的定義があるわけではなく、それぞれが思い思いの意義づけを込めて勝手に使っている。思いつくだけでもスマートカーを始め、スマートカード、スマートガラス、スマートグリッド、スマートメーター、スマートシティ、スマートスピーカー、スマートセンサー、スマートデバイス、スマートテレビ、スマートハウス、スマートブックなど多数ある。

　このスマートという言葉には、人の場合なら全体を考えて判断し、自律的にふるまう人を賢い人というニュアンスがある。ここから類推して「工場内の機械が工場全体を考えて、協調してふるまってモノを製造する工場」が実現したらスマートだと感じるだろう。

　ではスマート工場は従来の工場と何が違うのか。仕組みとしては、工場内の製造装置や制御装置、電力装置、生産ラインなどにセンサーを装着して、製造工程の情報をリアルタイムに取得し、それらのデータとクラウドに蓄積したビッグデータとをAIを駆使して分析、今までできなかった生産性向上や品質向上を実現する。

　さらに工場内の生産管理システム、製造実行システム（MES）などと連携する。最終的には社内のERPや受発注システム、顧客管理システムなどとも連携する。こうすることにより、「つながる工場」が実現ができる。

　ここまで達成したスマート工場では、固定的な生産ラインの概念がなくなり、動的・有機的に再構成できるセル生産方式を取ることが可能になる。ま

た研究開発から生産までの開発期間を短縮し、競争力のある製品を生産することが可能になる。

　この段階まで来ると、スマート工場の特徴として言われている、①顧客の要求なら1個でも注文に応じるカスタマイズ性、②注文を受ければ瞬時に生産が始まるリアルタイム性、それに③顧客からの少量の要求にも大量生産とそれほど変わらない価格で提供できる工場の実現が見えてくる。

　また複雑なシステムを人が特別な訓練を受けなくても容易にコントロールできるようになる。不良品の原因分析や作業員の最適配置、生産計画の見直しなど、今まで人間が行ってきた業務もAIを用いて自動的にフィードバックすることも可能になる。

　さらに部品を調達するサプライチェーン上の企業とも統一されたデータでやり取りできるようにする。このためには複数の企業にまたがって繋がる仕組み、例えばデータの標準化やサプライチェーンの統合などを構築しなくてはならない。ここまで来ると、これは一企業の取り組みでできる領域を超えている。

　そのためスマート工場の取り組みは、ドイツでは「Industry 4.0」、アメリカでは「Industrial Internet」、中国では「中国製造2025」、インドでは「Make in India」などと呼ばれて、国を挙げた取り組みがなされている。

スマート工場

第2章
事例で見る日本企業のIoTの取り組み状況

　2017年2月ガートナーは、「国内のIoTへの取り組みが緩やかに前進している」とレポートした。また総務省の「平成28年度版 情報通信白書」でも、IoTの導入率は着実に増加すると報告していた。

　しかし2018年4月にガートナーは、「IoTは多くの企業がこれまで経験したことのないビジネス・スキームの変革や新たなテクノロジーへのチャレンジとなっている。変革を進めようとするものの準備や環境が思うように整わず、IoT推進の理想と現実のギャップに苦慮する日本企業の姿が現れた」とレポートしている。

　これはどう見ればよいのか。2018年3月のIDC JapanI「国内IoT市場 産業分野別予測」では、日本のIoT市場は2017年から2022年の未来に向けて年率15%で伸びるとしていて、IoT化は着々と進んでいるように見える。しかし、世界のIoT市場は2013年の4860億ドル（約53兆円）から2019年には3倍の1兆7000億ドル（約178兆円）を突破する。その伸び率は実績として年率23%もある（2018年9月3日の日本経済新聞）。

　また、2018年8月の内閣府の「平成30年版 経済財政白書」によると、IoTの導入状況についてはアメリカが40%を超えているのに日本は20%程度で、今後の導入意向についてはアメリカやドイツは70%～80%程度になのに対し、日本は40%程度にとどまっている。これらのレポートを見ると日本企業のIoT化は苦戦しており、その差は開く一方だ。

　日本企業のIoT化の実態を見ると、一部の企業は予知保全などの新たな付加価値を提供し始めているが、多くの企業が取り組んでいるのは製造プロセスのデータ収集・活用によるカイゼン活動で、それ以上の付加価値提供にまでは至っていない。

　IoT化に取り組んでいる企業としては、コマツのように建機にセンサーを取り

付けて、新サービスを提供している企業も出てきている。コマツはこれをベースとして、施工現場をドローンで計測して3Dデータ化し、施工全体をサポートするところまで発展させおり、IoTの活用によるビジネスモデルの変革やエコシステムの形成まで進めている。

このように自社製品のエンドユーザーの利便性や稼働率を高め、製品のサービス化を目指している企業がある。

また三菱電機のように工場内のあらゆる工作機械や生産ラインなどをネットワークで接続して、生産の自動化、並びに工作機械や生産ラインなどの予知保全、さらに工場全体の生産性や品質の向上、すなわちスマート工場を目指す企業も出てきている。

物流の効率を追求する手段として、あるいは店舗の販売の効率を追求する手段として、また農林業の効率を追求する手段としてIoT技術を活用しようとしている企業などもある。

さらにIoTシステムの開発をサポートする企業、あるいはIoTシステムの導入から運用をサービスする企業（NTTデータや日立システムズなど）が現れ始めている。

以下にこれらの事例を順に見て行く。

製品のサービス化を目指す企業

　製品のサービス化はどういうものかを、どのオフィスにもあるコピー機を例に説明する。オフィスにある複合機（コピー機）は、コピー機を売っているのではなく、コピー機のトナーなどの消耗品と部品代で稼ぐビジネスモデルになっている。オフィスに設置されているコピー機は、リコー、キャノン、富士ゼロックスなどのコピー機メーカーのネットワークに接続されていて、コピー機の故障対応やサプライ品供給のサービスを支えている。

　コピー機を置く際には、コピー機のリース料金とコピー1枚につきいくらといった契約になっていて、コピー機器メーカーの利益は機器のリース料金ではなく、コピーの枚数の方だ。つまり、コピーをすればするだけインクを消耗するのでトナーの交換が必要になる。このトナーは製造が簡単なので大きな利益になる。だから、純正のトナーを使ってもらう施策を打っている。

　最近はコンビニなどにもコピー機を置いているが、このビジネスモデルはコピー機を置くことで客を呼び込むことに主眼を置いており、コピー自体ではほとんど利益が取れない。重要なのはコピーやFAXといった機能を利用するついでに、飲み物やお菓子などのちょっとしたものを買ってもらえる期待が持てることだ。このビジネスモデルは消費者と設置者側の利益が合致しているので普及している。

　コピー機の事例のように、機器や設備もIoT化することで、より高度なサービスを目指す企業が出てきている。以下にその事例を見ていく。

【事例1】【コマツ】

　我が国のIoTに対する取り組みで先行事例として知られているのがコマツの「コムトラックス（KOMTRAX）」だ。

　コマツは21世紀の初頭にGPS（Global Positioning System：人工衛星を利用した位置情報計測システム）を油圧ショベルに搭載した。これは当時、油圧ショベルの盗難対策として油圧ショベルにGPSをつけたところからスタートしている。

　その後GPSの位置情報のほかに、エンジンコントローラーやポンプコントローラーから情報を集めることで、その機械が今どこにいて稼働中か休止中か、

燃料の残量はどのくらいかといった情報を取得し、通信機能を使ってコマツのセンターにデータを送る仕組みを作り、これを「コムトラックス（KOMTRAX）」と名付けた。

　これを利用して盗難された建設機械にキーを入れても、コマツは遠隔操作でエンジンが掛からないようにした。これによりコマツの建設機械の盗難は劇的に減ったという。

　その後、コムトラックスを使えば建設機械の稼働状況など、これまで見えていなかったものが「見える化」できると気づいたという。例えば「上海のユーザーがたくさん建設機械を買っているが、既に稼働している建設機械は内陸部のほうに移動している」とか、「水害が起きたフロリダに近隣州にあった建設機械が一斉に移動しつつある」とか、色々興味深いことがわかるようになったという。

　また中国市場では、コマツの貸し倒れ率は非常に低い。その理由のひとつは、コムトラックスによってユーザーと代理店とが互いに「見える化」をしているからだという。

　コムトラックスを使って建設機械の稼働状況を監視し、燃料の残量や稼働量に応じて部品の交換やメンテナンスの必要性を事前にユーザーや保守業者に通知する。また、稼働状況や位置情報などをユーザーやコマツ販売代理店に提供することが可能になった。

　コマツのこの技術は差別化の手段としてさらに発展していった。セキュリティ目的の位置情報確認だけではなく、稼働管理、保全管理、省エネ運転支援といった各種サービスの提供や、遠隔操作による無人ダンプトラック運行システム（AHS：Autonomous Haulage System）、3次元位置情報を使って全自動ブレード制御機能搭載ICTブルドーザー（Intelligent Machine Control Dozer）といった新しい製品開発に活かし、独自技術にさらなる磨きを掛けている。

　また巨大なダンプトラック（積載量300トン）は、決められたルートを行ったり来たりするので自律運転による無人走行に適している。ダンプトラックを24時間動かそうとすると、1台あたり4〜5人が必要だが、無人ダンプトラック運行システムを使えばこうした人件費をゼロにできる。コマツはチリの鉱山で、同じシステムを2008年に世界で初めて商用導入している。

　この仕組みは、GPSや障害物検知センサー、無線ネットワークシステムなどを搭載したダンプトラックを中央管制室で運行管理し、完全無人稼働を実現させている。目標となる走行コースと速度情報は、中央管制室から無線でダンプトラックに自動配信され、ダンプトラックはGPSと推測航法で自身の位置を把握しな

がら、目標コースを目標速度で走行する。もし、ダンプトラックの走行中に他の車両などが走行コースに近づいた場合には、障害物センサーが検知し、緊急停止することで安全性を確保している（**図表2-1**参照）。

　ちょっとした間違いで大事故につながるのが鉱山の労働現場なので、鉱山での労務管理は鉱山会社にとって頭痛のタネだった。ダンプトラックが規則正しく運行することで、その周囲で働いている多くの人たちの安全性が向上し、鉱山会社から高く評価されているという。

　コマツはさらに遠隔地からでも衛星通信経由でほぼリアルタイムに建設車両の「健康状態や稼働状態」を把握できる鉱山向け大型機械の管理システム「KOMTRAX Plus」に発展させている。

　コムトラックスの利点は世界中に分布する50万台（2018年）のコマツの建設機械の稼働状況をリアルタイムで集めていることだ。このデータを利用して、市場がどちらの方向に向かっているかが手に取るようにわかると言う。コムトラックスは、いまではコマツにとってなくてはならないインフラとなっている。

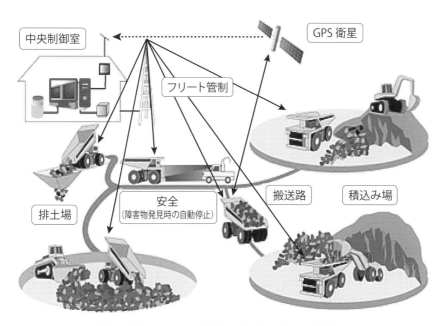

出典：「コマツ　ホームページ「ダントツソリューション」」を転載
https://home.komatsu/jp/company/tech-innovation/solution/

図表2-1　無人ダンプトラック運行システムの概念図

【事例2】【T社：プラントのサービス化】

　T社はプラント設備の保守効率の向上とサービス化を狙ってIoT化に取り組んでいる。T社はこれまで事業の柱だった環境プラントの建設と補修だけでなく、プラントを自社資産として受託開発から運転までを事業としたビジネスモデルに転換し、付加価値を高めて提供する、また、ごみ焼却やバイオマス発電などの電力設備の変化の潮流に柔軟に対応したい、そして、このような高付加価値のサービスを実現することで、業界での優位性や専門性を高め、競争力およびコアコンピタンスを強化したいと考えた。

　しかし、これまでは受託開発した環境プラントをユーザーに提供してきただけなので、プラントの運転状態などのデータの蓄積ができていない。そのために各環境プラントのデータを収集して蓄積し、関連設備の品質情報と環境プラントのデータとを分析することで、各環境プラントの稼働状況をリアルタイムで監視し、設備異常の検知や予知保全などの品質向上対策を行うこと、そして、最適な操業を実現し、環境プラントの高寿命化を達成する考えだ（**図表2-2**参照）。

　これらの準備ができてはじめて、プラントを自社資産として受託開発から運転まで行うビジネスモデルに挑戦することができる。

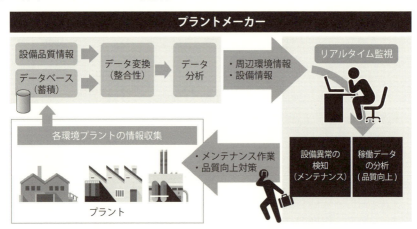

図表2-2　T社のプラントのサービス化の概念図

【事例3】【H社：機器のサービス化】

　機器メーカーのH社は、納入した電動機などの製品の稼働データをセンサーからリアルタイムに収集してクラウドに蓄積し、機器の異常などの稼働状況を監視

することで、メンテンス作業や品質向上対策をし、製品の価値を向上させたいと考えた。この早期実現を図るため、経験豊富なITベンダーと組んでIoT化に取り組んでいる（**図表2-3参照**）。

まず製品の稼働状況の見える化を実現し、その収集したデータの分析から予知保全などの各種予測に進んでいる。既に納入済みの製品も簡単に接続できるようにし、IoT化のスモールスタートを可能にしている。現在、この経験を重ねることで、運転ノウハウの蓄積をしている最中だ。

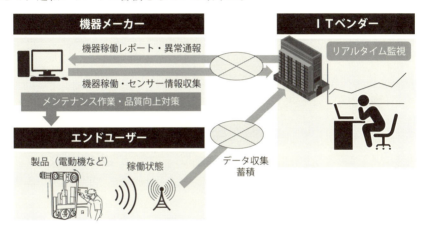

図表2-3　H社のプラントのサービス化の概念図

●まとめ―サービス化のためのノウハウの蓄積

これまで日本の製造業は、品質（Quality）、コスト（Cost）、納期（Delivery）を重要なファクターとして競争力を高めてきた。このQCDに対してIoTを利用したサービス化はどのような影響をもたらすのか。

日本の製造業は製品開発に力を注ぎ、製造した製品の運用はユーザーに任せていた。このことをイメージしやすい鉄道ビジネスで説明する。鉄道ビジネスでは、車両は日立、川崎重工業、日本鉄道車両が、鉄道の主要電機装置は三菱電機、富士電機が、信号保安装置は日本信号、京三製作所が、ブレーキは曙ブレーキ工業が、台車・車輪は新日鉄住金がそれぞれ担当し、運用はJRや私鉄などの鉄道会社が行い、最終ユーザーに利便性を提供している。

国内の鉄道システムの需要は減少傾向なのに対し、アジアやヨーロッパ、北米は市場が拡大している。そのため今後期待できるマーケットは海外だと、上記の企

業は日立を筆頭に海外に目を向け、攻勢をかけ始めている。

では海外ではどうなっているのか。

鉄道車両メーカーの世界ランキングを見ると、第1位は中国の中国中車（CRRC）、第2位はドイツのシーメンスとフランスのアルストムの合弁会社（2017年9月に経営統合を発表）、3位のカナダのボンバルディア、日本でトップの日立は第6位だ。その規模の差は、シーメンスとアルストムの合弁会社は日立の4〜5倍の規模だし、中国中車はシーメンスとアルストムの合弁会社の2倍もの規模だ。業界3位のカナダのボンバルディアでも日立の2倍もある。したがって規模では勝負にならないことがわかる。

私たち日本人は規模がダメなら技術でと、日本のように正確な運行スケジュールやより安心・安全な車両を輸出すればと発想しがちだ。しかし、それでは無理なのだ。

例えば新興国では、鉄道の駅を降りてから目的地への交通手段に誘導するようなトランスポーテーションの総合サービスが、より重視されている。つまりそれぞれの国の状況を考慮しなければならないので、その国のユーザーと一緒になって鉄道ビジネスをどうするかを考え、展開していかないと事業の成長に結び付かない。人やモノを大量に定刻通りに運ぶことよりも、総合サービスを求める時代になっているのだ。

この総合サービスの設計には鉄道運用のノウハウが決め手になる。ところが日本における鉄道サービスの技術は、ほとんどJRグループが保有していて、鉄道車両メーカーにはこのノウハウがない。この鉄道の例は日本企業の縮図で、すべての業界で似たり寄ったりである。

だから自社の機器や設備をIoT化によってサービス化したいと考えている企業は、時間はかかっても機器や設備の運用ノウハウの蓄積をして、挑戦し続けなくてはならない。ここに紹介したT社は自社のプラントの価値を高めるため、H社も自社の製品の価値向上を求めて、IoT化に取り組んでいる。そして共にサービス化の為の運用ノウハウを蓄積している段階だ。

このようにIoTを活用したサービス化が一般化するにしたがって、世の中はサービスの向上をより求めるようになる。その時には、現在のコピー機器のように、企業の選択要因は、製品の品質やコスト、納期のインパクトは低下し、サービスの内容が決め手になる。

工場のスマート化を目指す企業

　スマート工場に明確な定義はないが、IoT技術を用いて工場内のあらゆる工作機械や生産ラインなどを相互にネットワークで接続し、生産効率や品質管理の向上、生産の自動化、故障の予知などを図る革新的な工場をスマート工場というのが大方の意見だ。

　すべてのものがインターネットでつながることにより、工場内の生産プロセスや物流、販売チャネルといったサプライチェーンの状況までもが、瞬時に把握できるようになると、収集したデータを分析し、さらにAIを活用することで、「どこに無駄があるのか」「どこを改善すればよいか」といったピンポイントの現状分析と解決法の発見ができるようになる。また将来の需要予測さえも可能になることが期待されている。

　例えば、販売された商品の使用状況や在庫がリアルタイムにモニタリングできれば、商品企画や生産計画の精度が高まる。さらに、市場の状況などの外部データも活用できれば将来の需要予測に基づいたムダのない効率的な生産が可能になる。

　これを実現したスマート工場では、固定的な生産ラインの概念がなくなり、動的に再構成できるセル生産方式に変わる。これにより、①顧客の要求なら1個でも注文に応じるカスタマイズ性、②注文を受ければ瞬時に生産を始めるリアルタイム性、③顧客からの少量の要求にも大量生産と変わらない価格での提供などの以下の要求にこたえることができる。

　これまでのように個別最適化されたプロセスで分断されていた各工程をデジタルでつなぐことにより、サプライチェーン全体で新たな価値を生み出していく次世代型の製造モデルが出現しつつある。また労働者不足という現実問題を解決し、現在のスタッフをより高度な職域へと進め、研究開発から生産までの速度を速め、競争力のある製品を生産することも可能になる。

　以下にスマート工場を目指している事例を紹介する。

【事例1】【三菱電機】

驚くことに三菱電機は、2003年から産業機器群とIT製品群を体系化して生産現場の構造改革に取り組んでいる。三菱電機は生産自動化（Factory Automation）の頭脳にあたるPLC（Programmable Logic Controller：機械制御機器）に強みを持ち、その工場向けソリューション「eF@ctory（eファクトリー）」は、国内外約180社で7700件以上にも及ぶ導入実績がある。

三菱電機は顧客が満足する製品を適切な品質や価格で提供することを実現するために、ものづくりのあらゆる局面でデジタル情報を活用する動きを進めている。それは市場の情報分析によるマーケティング、工程のムダやムリを防ぐためのシミュレーション、3次元の設計情報をもとにした試作、生産設備から集めたビッグデータを活用して故障を未然に防ぐ予知保全などだ。

だが三菱電機は、デジタル空間の情報だけで自動化は完結しないと考えている。現実世界の情報との間に、どうしてもギャップが残る。そのギャップはPDCAで解消するしかない。つまりPDCAを実際に回す「人」の存在が不可欠だととらえてデジタル空間を活用した「ものづくり」を進めている。

三菱電機のeファクトリーの適用事例には、次のようなものがある。

効率的な原因究明で垂直立ち上げ

従来はサプライヤーが提供する部品の検査データをもとに、ロット単位で品質を管理していた。だがこの手法ではデータの入手や解析に時間を要し、生産現場で問題が表面化してから対策を講じるまでに4週間〜8週間を要していた。

ここにe-F@ctoryを利用して個体ごとに管理するシステムにした結果、その期間を約1週間に短縮した。またロット単位から個体単位で品質を管理することで、不良の発生によって生じる製品のロスも格段の減らすことができた。

出荷検査の効率と精度を向上

従来は工程内で実施する試験は、担当者が結果を帳票に記し、その帳票をもとに出荷検査の担当者がチェックし、出荷可否を判定していた。このため帳票への記入ミスや検査漏れ、判断ミスなどのヒューマンエラーを完全に防ぐことはできなかった。

このプロセスをe-F@ctoryを利用して自動化することにより、基準に満たない製品を絶対に市場に送り出さないようにすることができた。

メンテナンス時期を読み切る

　金型は繰り返し使い続けるうちに、その加工精度が低下する。従来は加工した製品を見ている現場の担当者の気づきで金型を交換していた。だが気付くのが遅ければ、不良品を生み出すことになる。

　そこで金型を使用した回数（ショット数）を数えながら金型の精度を計測し、そのデータとメンテナンスのタイミングの関係をデータベース化し、「限界間近」や「限界」など複数のレベルで金型のメンテナンス・タイミングを特定できるようになった。

原単位のエネルギー管理を実施

　従来は工場全体の電力量と生産量を突き合わせ、一定の生産量単位で消費電力がどのように推移しているかを分析し、その結果に基づいて省エネ活動の成果を評価していた。

　消費電力量を機械や設備などの原単位で管理して改善を進めることで、原単位あたりの消費電力量を8％も削減することができた。

　デジタル空間と生産設備とを連携する生産自動化は、GEやシーメンスが先行している。だが三菱電機の「e-F@ctory」は上記の事例からもわかる通り、決してGEやシーメンスに引けを取ってはいない。ただ情報発信力がこれまで弱かった。

　しかし2017年に入り、三菱電機が積極的に情報発信し始めた。例えば三菱電機はゼンリンなど他社と協業して、国内での路車間通信（V2I）開発のリーダーシップをとったり、インテルと次世代FA（ファクトリーオートメーション）で戦略提携をしている。

　さらに三菱電機はインテルのIoTデバイス開発向けの極小コンピューター「エジソン（Edison）」とプラットフォーム「エジソンモジュール（Edison Module）」を取り込むことで、独自技術のさらなる強化を狙っている。

　これからのIoT時代は、ディファクトスタンダードを抑えたものが勝つ世界になる。三菱電機のこのような取り組み・情報発信の態度は喜ばしい動きである。

【事例2】【M社：最適なプラント運転】

　M社は、基礎化学品から半導体パッケージ基板材料や脱酸素材に至る機能製品まで、幅広く事業を展開している化学メーカーだ。化学製品を生産するプラン

トは、長期間（1年以上）休みなく稼働し続ける品質が要求される。

M社の悩みは、製品の品質や歩留り率が熟練オペレータの操作技術に依存していることだ。そのため熟練オペレータの高齢化により、若年層や外国人への引継ぎが課題となっている。

プラント稼働の現場では運転データの収集を実施しているが、この稼働データがプラントに直結しているモニターでしか確認できないため、データ分析のハンドリングが悪くてプラントの生産性向上に十分活用できていなかった。

さらに生産現場と研究所とが、製造工程に関するデータの共有ができる仕掛けになっていなかったため、収集した膨大なデータから異常点を探すことや、品質のバラツキの原因を追究することが難しかった。このような理由で、最適なプラント運転への分析が十分にできていなかった。

これらの解決のために、設備の稼働データを活用してプラントの安定稼働や品質安定化につなげることを目指してIoT化に取り組んでいる。具体的には、プラントの炉内の温度や圧力を時系列に表示して状態監視する。あるいは大量データから異常点を抽出し、その中の影響の大きな要因を選び出し、その異常時や正常時のわずかな違いを可視化する、などのプラント運転の実現に取り組んでいる（図表2-4参照）。

上記と並行して、熟練オペレータの操作時のデータを取得し、作業手順をマニュアル化した。併せて、プラントのデータを会社全体で共有することにし、関係者がいつでも見ることができるようにした。

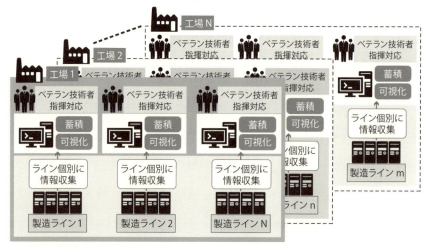

図表2-4　ライン毎にベテラン技術者が製造機器を操作

その結果、最適なプラント運転につながり、連続長期運転が可能になった。その上、プラント全体の生産性向上と製品の品質や歩留り率の向上に向けた取り組みが可能になった。また若年者や外国人でも、異常ロットと正常ロットの違いが掴めるようになり、品質の向上が図れた。さらに熟練オペレータの技術を伝承できる基盤が整いつつある。

現在、2つのラインでの試行を終え、国内の工場全体に展開中である。

【事例3】【V社：エネルギー使用量の見える化】

工場の「見える化」でまず取り上げられるのは、電力やガス、水などのエネルギー使用量の見える化だ。生産性や品質が重要視される工場では、エネルギーを過剰に使用してしまう傾向がある。それで多くの工場は、省エネルギーへの取り組みを推進している。

しかし現実には、工場全体として使用するエネルギーの総量しか把握できておらず、具体的な削減施策が展開できないので、エネルギーの削減量には限界があった。

エネルギー削減の具体的な施策立案には、「いつ」「どの部門・ライン・設備」で「何のエネルギー」を「どれだけ」使用しているかを把握することが不可欠だ。

V社では、設備あるいはライン単位で電力、ガス、水などの使用量をリアルタイムに計測し、管理部門で一元管理することで、部門毎、ライン毎の具体的なエネルギー削減施策を立てることができるようになった。

【事例4】【O社：生産設備の異常・故障監視】

稼働中の生産設備に異常や故障が発生した場合、パトランプ（警光灯）を点灯して設備管理者に異常・故障の発生を通知するケースが多い。しかし管理者の目視に頼るこの方法では、異常・故障発生から管理者が発見するまでの時間的ロスや、パトランプ点灯の見落としによるダウンタイムの長期化や後工程への影響などのリスクがあった。

O社では、この対策として異常・故障発生を無線ネットワークで収集して、リアルタイムに管理者へ発生日時と設備名を通知するようにし、生産設備のダウンタイム短縮ができた。次に設備毎・生産設備の機種毎に故障率を分析し、修理・交換が必要な設備の洗い出しや、生産工程の見直しも可能になった。

【事例5】【L社：生産設備の稼働監視】

　工場は複数メーカーの生産設備を使っているため、工場全体で使用されている設備の稼働状況を一元管理したくても、その実現は難しかった。

　例えは生産設備毎に電力計を取り付けると、電源が入っていない停止状態なのか、電源は入っているが稼働していない待機状態なのか、あるいは稼働しているか、といった状況をリアルタイムに把握できるようになる。

　L社では上記を実現したうえに、蓄積したデータを分析することで、累積稼働時間や同機種の故障発生状況などの予知保全に活用して、実際に故障が発生して長期のダウンタイムを発生させる前に、検査・修理を行うことで生産効率を高めることが可能になった。

●まとめ ─工場のさらなる効率向上を目指して

　日本の製造業は、工場のスマート化への取り組みを進めている。ここに紹介したM社はプラントの稼働状況の把握のために、V社はエネルギーの見える化のために、O社は生産設備の異常監視をするために、L社は生産設備の稼働監視をするために、製造現場にIoTを導入し、収集したデータ分析をすることでQCDを向上できる取り組みを進め、工場全体のスマート化を目指している。

　新しい技術が世の中に出たときには、しばらく同業他社の様子を見て、成功事例を参考にその技術を効率よく取り込めばよい時代がこれまで長く続いた。しかし時代が大きく動くときには、この成功法則は通用しない。工場のレイアウトを変更して効率を上げる時もそうだった。IoT化の様子見を決め込んでいては、現在のデジタライゼーション時代、同業他社に後れを取ることになる。工場のレイアウトについては【コラム　工場のレイアウト】を参照していただきたい。

　IoTを活用した企業が一般化するにしたがって、競合相手は同業他社とは限らなくなる。従来の待ちの姿勢では、遠からず競争力が落ちてきて、劣勢に立たされることになる。

3 物流・流通の効率化を目指す企業

物流・流通業界でのIoTの応用領域は、商品の在庫管理や物流、配送など顧客からは見えない「バックエンド」と、店頭での接客や決済など顧客が直接触れる「フロントエンド」に分けてみていく。

● 現実味を帯びている「物流危機」

国土交通省の「平成28年度 宅配便等取扱個数の調査および集計方法」によると、宅配便個数は、10年前には30億個だったものが2016年には40億個を突破し、今後もさらにその数量が増加すると想定している。

物流サービスの需要面は、「いつでもどこでも欲しいものを買いたい」という消費者ニーズを捉えたEコマースが年々市場規模を拡大し、それに伴い宅配される荷物も増大している。

物流サービスの供給面は、物流業界の担い手不足が深刻である。仕事がきつい割に給与水準が低い、長時間労働であるなどの理由から物流業界を敬遠する動きが顕著になっており、近年人手が足りないために仕事を断らざるを得ないという物流事業者の声も多い。右肩上がりで上昇する宅配便数の推移から、宅配便事業者の人手不足が深刻化している状況が推察される。

● 物流業でのIoT化

物流業がIoT化された世界を想像すると、商品（荷物）の一つひとつに取り付けたタグやセンサーなどから得た情報を基に、工場から届けられた商品（荷物）を無人搬送機が所定の棚に運び、注文に応じて棚から商品（荷物）を取り出すなどの人のあまり介在しない無人倉庫の姿が浮かぶ。

また製造ラインで完成した製品（部品）は、受注に応じた個数がピッキングロボットにより集められ、出荷先ごとにロボットが仕分けし梱包する。そして行先の方面ごとに分類し、それを無人搬送機が出荷場まで運ぶ姿がある。

さらに商品（荷物）ごとに工場での生産状況（遅延の発生など）を把握し、同時に在庫や輸配送状況を把握することで、サプライチェーン全体として次の出荷や配送を、どこから・いつすべきなのかを全体を俯瞰しながら、最適のオペレーションを指示する。

またネット通販で注文した商品が今どこにあるのかを、地図上でリアルタイムに検索できる。これは顧客の満足度を高めるだけでなく、空車情報と貨物情報のマッチングサービスを行い、物流の効率化に活用することもできる。
　これらは絵空事ではなく、バラバラではあるが、一部はすでに実現している。

　現在は、温度チェックや在庫管理などを人手に頼っている企業が多数だが、段ボールごとにセンサーを取り付け、そこから情報を発信するIoT化により、こういった作業を人の手を使わずにできるようになるので、労働者の負担を軽減できる。物流の効率化はこうした小さなことの積み上げで達成できる。
　無人搬送機やピッキングロボットはアマゾンが先行しているが、日本の物流業の代表のひとつであるヤマト運輸は、これらの問題にどう取り組んでいるのかを見てみよう。

【事例1】ヤマト運輸

　ヤマト運輸はかねてから独自の車載端末「シーティーナビ（See-T Navi）」を導入し、運転状況の見える化を図るとともに、安全指導の専門職である安全指導長がセールスドライバーへきめ細かな安全教育などを行ってきた。
　ヤマト運輸はドライブレコーダーとデジタルタコグラフを一体化した通信機能搭載の車載端末を、ヤマト運輸の全集配車両約3万6千台に順次搭載しつつある（2017年11月）。
　この車載端末は速度や駐車位置情報などに加え、ドライブレコーダーで収集する走行映像やGPSから得た位置情報で作成する走行軌跡などの運行データを、クラウド上の情報基盤へリアルタイムに転送する。そのビッグデータを分析することにより、地域ごとの特性やドライバー個々人の運転特性を確認できることを期待している。
　また、ヒヤリハット体験箇所の登録の自動化や運転開始・終了設定の省力化、車載端末のソフトウェア更新の自動化を実現し、セールスドライバーがより安全運転に注力できるよう、業務支援を行う計画だという。

●流通業でのIoT化

　流通業がIoT化された世界はどのようなものか。その一つはインターネットなどの活用により、顧客が満足して楽しく買物ができる店舗、すなわち「スマート

ストア」の実現だ。小売業におけるIoTの応用領域は、「サプライチェーンのスマート化」「スマートストア」「つながる顧客（コネクテッド・カスタマー）」の3つだ。

つながる顧客とは、スマホやアプリを通じて顧客の自由意思で店舗運営側とつながっている関係を指している。例えばIoTの活用で、店舗内の行動から誰が何の目的で来店したかを把握できるようになり、従来よりも顧客とつながる関係に基づいたタイムリーな接客や提案ができるようになる。ECサイト上で実現できていたことが、実店舗にも応用することが可能になりつつある。

具体的なメリットとその効果が明確に見える小売業は、IoT導入によって恩恵を受ける業界の一つだ。そのため小売業向けの新しいIoTソリューションが次々に登場している。小売業はこれを導入することでスマートストアに近づこうとしている。

【事例2】【S社：最適な店舗設計を目指す】

S社は店舗データを可視化し、融合・分析して好調店舗と不調店舗の理由を把握し、好調店舗をモデルとして系列全店舗の業績を伸ばしたいと考えた。そのために店舗利用者の属性や動態を把握することで、最適な店舗設計や販売戦略に役立てようと、IoT化に取り組んでいる。

具体的にはカメラデータの情報で店内の人流分析を行い、利用者の属性や動態の分析結果を店舗設計や販売戦略にフィードバックする。そのために、IoTを用いて利用者の属性（性別、年齢、笑顔、リピート数など）と利用者の動態（動線、着席率、滞在時間など）を補足し、改装時の店舗設計や販売戦略の検討に活用する。また従業員の接客態度なども併せて見える化し、改善していく計画だ。

現状はPOSを用いた店舗ごとの来店客データから、店舗ごとの満席率や利用時間の見える化、定番メニューや季節メニューの時間別・店舗別の売り上げの可視化を行っている。これに加えてカメラを用いて新規やリピーター属性も取得し、性別・年代別さらにはヘビー利用層・ミドル利用層・ライト利用層・潜在利用層などの可視化を実現すべくIoT化に取り組んでいる。

現在、一つひとつの打ち手ごとの仮説を検証して、来店客の利用時間を延ばすための有効なイベント開発や、リピーターを増やすことでの売上拡大のための有効なメニュー開発につなげようとしている。

農業・林業の安価なIoT化

すべてのモノがつながるIoTでは、農業や林業、漁業などでの適用もすでに始まっている。農業も林業も経営規模が小さいので、手間のかからない安価なIoTが望まれている。つまり大掛かりな仕掛けはいらないのだ。農業も林業でも色々な試みがされているので、それを紹介する。

● 農業の問題

世界の食糧問題を考えるNPO「Malnutrition」によると、世界の食糧需要は2030年には現在から35％も増加すると予測している。この食糧需要を賄うためには、食料品のロスを防ぐ努力や、農業効率を高めること、農地を増やすことなどの対策が必要と言われている。

食糧需要に応えるための一つとしてスマート・アグリカルチャーに世界中の期待が集まっている。スマート・アグリカルチャー（smart-agriculture）とは、ロボットやITなどの先進技術を活用して生産管理や品質・生産効率などの向上を実現する新たな農業（スマート農業）のことだ。

日本の農業人口はここ数十年、衰退の一途を辿っている。1965年には1151万人もいた農業従事者が、2015年には200万人と恐ろしいまでに激減している。また農業人口の年齢は65歳以上が64％で39歳以下の7％とまさに少子高齢化の真っただ中だ。さらに農家の平均年齢は68.5歳で、70歳に近い世代が一所懸命農業に従事しているのが現状だ。

日本政府もこの打開策のひとつとして「スマート農業」の実現を目指している。そのイメージするところは、農機の自動走行による安全な無人作業の実現、ロボットによる果菜類や果樹の収穫作業（例えば画像解析を使い「赤いトマト」を判別して収穫すべきモノのみ収穫する）の自動化の実現、さらに病害虫の病兆候を早期発見してピンポイントの駆除の実現などだ。

日本の農業のもう一つの問題が後継者不足だ。憧れや夢を追う若者は農業を敬遠し、仕事を求めて都会に出て行く。日本政府はこの現状を危惧し、打開策を打って農業人口の増加をはかろうとしているが、新規に就農しても約7割は生計が立てられていないという。

しかし農業のIoT化で一筋の光明が見えてきた。企業や家庭での応用に注目を

集める IoT だが、意外に日本の農業分野とは相性がよいのだ。

これまで日本の農業は経営規模が小さいので、IoT 化はコストの面で実現が阻まれていた。それが最近、月額料金が 100 円以下の通信サービス（しかも単 3 電池 2 本で 10 年間稼働するような低消費電力の通信規格を使った IoT 通信）が登場し始め、IoT 導入のボトルネックになっていた通信料金と電池寿命の問題が解決するので、IoT 化の普及が加速しそうだ。

安価な IoT 通信については【コラム　安価な IoT 通信の登場】を参照していただきたい。

● 稲作への応用

農家の問題は色々あるが、実際に自分が農家を営むことを考えると、1 年中農作物の世話をしなければならない、というイメージを持つ。それはこれまでの農家がそうだったからだ。

理由の一つは、稲作では田植えから収穫までの 4 カ月間、毎日のように水田を見回る「水管理」という仕事がある。稲の収量や品質を保つためには欠かせない、田んぼの水位や水温などの監視はとても手間のかかる作業で、この水管理にかかる作業時間は稲作作業全体の 3 分の 1 にもなると言う。

この見回りの代行が IoT 化でできるようになり、稲作従事者の高齢化問題の解決に光明がさす可能性が出てきた。それが IoT 案山子（e-kakashi）だ。IoT 案山子は、自動で水田の水位、水温、気温、湿度、降水量などを測る。この IoT 案山子は実はすでに実現していて、それが単 1 電池で 1 シーズン使えるパディウォッチだ。このパディウォッチと天気予測とを合わせることで、6 時間後に雨が降るから気温が下がって水位が上がるなどの予想ができ、確実な対策が打てるようになる。

この IoT 案山子のデータで水田の給排水装置を制御するようにすれば、いちいち田んぼを見回る必要がなくなる。こうなると IoT による稲作の革命につながる。

このパディウォッチを、アップルがアップルウォッチの農業用アプリとして初めて登録した。これがすでに使われていて、その用途はモグラ対策だという。モグラはたびたび田んぼの畔に穴をあける。この対策をすぐに打たねば、水位が急速に下がってしまう。そんな時には、パディウォッチがスマホにアラームを発信するのだ。さらにそうした緊急時にも、水門を自動開閉するシステムがあればなお安心だ。

現在はまだ月 8000 円と少し高価だが、通信費の低減とセンサー価格の低下傾

向から早晩このコスト問題は解決するだろう。

●農業はこれまで75％は勘だった

　農作物が育つメカニズムの全貌はまだ解明されていない。例えば肥料を与えすぎて収量や品質を悪くする「塩類濃度障害」を起こすなど、作物が環境の中でどのように育っているのかに関して、現代の農学は完璧に説明するところまでに至っていない。

　作物は品種や育成ステージごとに理想とされる環境（気温、湿度、地湿、土壌、土壌水分量、日射量など）がある。作物のために収集すべきデータは次の三つだ。一つは環境データで、気象、土壌、水などの食物が育っている環境や、微生物の働きなど。二つは管理情報で、種子、農薬、肥料をまく時期や量、あるいは農業機械の投入時間など。三つは生体情報で、作物の育成状態、すなわち葉の面積、果実の糖度や酸度、収量などだ。

　野外で農作物を作る限り環境は変えられないから、人が制御できるのは管理情報になる。土壌、土壌水分量、日射量などを調整することにより、収量をアップし肥料を削減し、冠水と施肥にかける作業時間も削減できる。

　実際、ビニールハウスで大玉トマト栽培している農家（熊本県八代市で40アールの規模）が採用している養液土耕システムは、水に肥料を溶かしチューブで根元まで送り込み、天候や作物の状態を見ながら水を与える時間間隔を設定する方式で、収量を20％アップし、肥料を40％カットした。さらに冠水と施肥にかける作業時間は90％カットしたという。

●農業のロボット化

　若者が働く農業を強く進めるもうひとつが、ロボット技術の農業への適用だ。日本の農業は農機の台数こそアメリカよりも多いが、耕作面積の狭い零細農家がほとんどで、規模の経済が得られず生産性が低い。元農水省の山下一仁氏は、「農協・自民党・農水省の政官業の3者は、小規模農家が多数存在する状態が望ましいという点で利害が一致している。これが鉄の三角形、農政トライアングルで、農業改革が進まない原因だ」と述べている。だが今後、農業には革命が起こると言う。

　これまでは個々の水田の総収量や食味がどうなのかは不明だった。しかし、例えばクボタが2016年に製品化したロボット田植え機「コンバインKSAS」は、収穫しながら収穫量（重量）だけでなく、穀物のタンパク値と水分値を計測す

る。だから刈り取ったコメの食味の平均と総収量がその場でわかる。また散布した肥料や堆肥の量に応じて、収量や食味がどういう結果になるのか、それを定量的に把握できる。

この他にも、クボタは2018年にロボット・コンバインの製品化を表明しているし、ロボット・トラクターは農水省が2020年までに実用化すると言っている。これらのロボットが揃うと、トラクターが無人で走り、ドローンが作物の生育を監視し、手間が大幅に削減できるだけでなく、夜間でも作業をしてくれる。

すると、これまでどんぶり勘定で営農してきたものが、ロボット化により農作物の生育に関するデータが整備されるので、製造業でよく使われているPDCAを用いて、農作業のいろいろな改善を図ることができるようになる。すると肥料や堆肥の散布の最適なタイミングもわかるようになるだろう。

これらの農業のノウハウはビッグデータとなり、販売され共用化されるようになり、さらにでコストを下げることもできる。これまで経験と勘に頼ってきた農業は、ロボットやIoT、AIを活用することで、これまで生産性が低いままだった分、逆に伸び代は大きい。

●IoTによる都市型農業

アメリカでは、IoTによる「都市型農業」が本格化し、今年に入り、ロサンゼルス郊外で大規模な開発を進める住宅デベロッパーが「ゴルフ場の代わりに農地を囲む住宅を作る」と発表した。アメリカではゴルフ場を含めた住宅地というのが一つのトレンドで、マスターズが行われることで有名なペブルビーチがその典型だ。「高級ゴルフクラブを眺める住宅」というのはステータスシンボルだったが、都市型農業がその伝統まで変えつつあると言う。

特に注目を集めるのが、都会のビルの屋上などのスペースを利用する都市型農業におけるIoTの活躍だ。人口の増加に伴う食料不足の懸念に大きく貢献する可能性もある。

アメリカの人口の8％が集中するカリフォルニア州は農業規模でも全米1位で、野菜類を中心に都市近郊型農業が盛んである上、果物などは日本への輸出も多い。その生産革新を支えるのは、温度、水分などの「データ」で、これに基づいて遠隔からコントロールできるIoTが農業の効率を高めるのだという。

●漁業の問題

1960年代、日本の魚の自給率は113％（1964年）と輸入はゼロで輸出してい

た。しかし1970年代から魚の消費量が増え始め、2015年では魚の自給率は約59％にまで落ち込んだ。私たちは国内で漁獲される魚だけでは足らず、それに近い量を輸入しているのだ。

輸入に頼る大きな理由は、スーパーや飲食店などが、「いつも同じ魚種を安定的に販売する」ことを求めてきたためだ。本来、漁業は狩猟採取なので、計画的に常に同じものを同じ量で揃えることはできない。1億数千万人の日本人がいつも望んだ魚を口にするには、産地を広く確保することが不可欠だ。そのため、経済成長と共に国内漁獲量は伸びていたにもかかわらず、輸入量の割合が増加し続けたのだ。

輸入超過になった日本の漁業は、漁獲量の減少、漁業者の生産性の低下（売上・所得の減少）、漁業者そのものの減少の3つの危機に直面している。

漁獲量は1984年の1282万トンから2014年の479万トンと、わずか30年間で6割以上減少した。漁業者の生産性を1隻あたりの漁獲量で見ると、日本は31.2トンで世界的に見てかなり下位であり、アイスランドの791.7トンと比べ25分の1と圧倒的な差だ。さらに漁業者は1965年に約60万人もいたが、2015年には約16.7万人と3分の1以下にまで減少している。

このように漁業にも農業と同じ問題があるが、そこにIoT化で一筋の光明が見えてきた。

●養殖魚への応用：養殖の効率化・自動化を実現

天然魚が難しいなら養殖をと誰しも考える。天然魚が枯渇する中、現在、世界の漁業生産量の約4割を養殖魚が占めている。安定的に質の高い養殖魚を確保することが食料安全保障上も重要だが、従来は餌の量や魚の体重を厳密には定量管理しておらず現場の判断に任せられてきた。

養殖魚の育成で重要なのは適切な量の給餌とそのタイミング、さらに水温、溶存酸素濃度、塩分濃度などだ。これまでは餌食の都度、人が生簀に行ってこれらを計測し、それを記録していた。これらの一連の作業にIoTを活用する企業が現れつつある。一つは、計測ブイで水温、溶存酸素濃度、塩分濃度などのデータをクラウドに送り、その計測値に基づいて餌の量やこの日は餌をやらないなどをタブレットに示す。

もう一つは、いけすにカメラを沈めて動画を撮影し、体長などを自動測定してクラウドに送る。このデータを基に適切な給餌量にすることにより、餌の食べ残しが減るだけでなく、海洋汚染を減らせる。養殖コストの70％は餌代が占める

ためコスト削減効果もあるという。

　NECはこうした給餌型の養殖に活用できるシステムを開発している。その一つである画像分析では魚種ごとの体長の測定に、従来70匹に60分かかっていたのが今では、555匹を10分で自動測定できるという。

　これにより従来は人の勘に頼っていた養殖魚への給餌が、科学的に魚体によって最も適切な形・量となり、無駄な餌や労働が無くなって、養殖が大きく効率化する。

●混合養殖を可能にするIoT

　一つの生け簀に様々な魚種を養殖する混合養殖は、養殖の低コスト化と高付加価値を両立する「天然養殖」を実現できる。しかし混合養殖をすると、捕食関係から食べられる魚が出てくるので、混合養殖をしている養殖業者はいない。

　一方、水族館の水槽内の魚達は共存して悠々と泳いでいる。それは水族館では常に餌が供給されていて、腹を空かせる魚がいないからだ。お腹がいっぱいならわざわざ水槽にいる魚を追いかけて食べる必要はない。つまり、適切な給餌を行うことで捕食関係の魚類も混合養殖することが可能になる。

　だから養殖にIoTを活用することで、混合養殖も可能になる。また養殖魚の生育状況を遠隔地からリアルタイムに把握することで、漁師の働き方も効率化できる。環境負荷の低減だけでなく、水産資源の維持にもつながると期待されている。

●センサーを使った天然水産物の漁業

　天然水産物の漁業にもIoTが導入され始めた。KDDIは定置網の漁獲量を予測し、漁師が網を引き揚げるタイミングを判断するシステムを開発中だ。NTTドコモはブイのセンサーで海水温や塩分濃度を測り、その情報を漁師がスマホで見て作業を効率化できるサービスを開始した。日誌機能や漁協内の掲示板機能もある。

　あらかじめ定置網にかかっている漁獲量がわかれば、船を出しても空振りすることがなく、燃料コストやCO_2の削減につながる。東松島みらいとし機構とKDDI総合研究所などがセンサーなどを搭載したブイを開発し、宮城県石巻湾で実証実験を行っている。水中カメラで定置網の中を撮影し、そのデータをサーバーに蓄える。漁師の知見も手掛かりにしながら、水温や塩分濃度、気象庁の公開情報、例年の漁獲量パターンなど500以上のパラメーターから漁獲量推定に使える70パラメーターを絞ったという。

【事例1】【W社：IoTを使った森林管理の生産性向上】

　この事例は、森林管理の生産性向上の取り組みである。日本の森林は、戦後進められた植林1000万ヘクタールの人工林が利用期を迎えている。しかし森林ビジネスの現状は、安価な外国産材に押され、林業の国内総生産はピーク時の4分の1に縮小し、林業従事者も減少している。

　国は法令の改正や、森林環境税の導入などの対策の検討を進めているが、森林資源の把握が難しく停滞している。具体的には、森林所有者同士の境界の確定が進まないために木材の伐採が思うようにできない。そもそも何処にどれぐらい成長した木があるのか、つまり資源の正確な把握ができないことなどが課題なのだ。

　森林の地形、全立木の形状（太さ・高さ・曲り）を知ることができれば、どのような丸太が採材できるかの計画が立案できる。そのためには森林地図が必要になるが、これまでは森林の現地調査と2次元地図を用いて行っていた。

　しかし今では、バックパック型レーザー計測機を携えて調査対象区画の林分境界を歩けば、境界内の立木や面積が一度に計測できる。また森林3D地図作成システムで全立木と地形情報が自動で作成できる。これらを活用することで「森林資源の調査」ができ、森林価値を算出できるようになった。

　そこでW社は、森林従事者の不足による資源の正確な把握が行えない点に着目し、バックパック型レーザー計測機を背中に背負って森林を歩くこと（3時間程度）で、精度の高いデータを取得している（従来比96％の削減）。

　また作成した森林地図を活用して、主伐・間伐・路網整備のシミュレーションを行うことで、「施業実施の支援」ができ、施業の効率化が図れる。さらに供給できる木材情報を公開し、メーカーなどの需要とのマッチングの仕組みが確立することで、「木材流通の促進」が図れるとしている。このように、①森林資源量把握、②施業効率化、③木材流通促進の効果や、他にも「地形情報を活用した雨水の流れや道の計画に利用」にも応用は広がり、林業の復活に期待がかかる。

　今後W社は、点群データの作成業務代行や地形などのレポート作成代行を進め、集めた森林資源情報を森林施業管理や木材流通のプロセスを見える化することで、森林ビジネスの活性化につなげていきたいという。

●まとめ―IoTを活用することで効率・品質を向上させる

　ここで見てきた農業と漁業、林業の事例から、彼らはこれまで水温などを測定したくてもできなかった。そのため経験に頼った経営をしてきたので、後継者の育成にも時間がかかるという悪循環になっていた。しかし、今やIoTを活用することで、農業も漁業も勘だけでなくデータを生かした生産ができ、それにより品質向上や収量も安定化できるようになった。データに基づいて船を出す回数を抑えればCO_2排出量の削減になり、燃料コストも下げられ、労働力の削減や環境の保全にもつながるのだ。このことは農業でも同じだ。

　本書ではIoT化の進んでいる製造業を中心にここまで記述してきた。製造業は巨大な設備と多数の従業員で構成されているため、守るべき財産や規則が多数ある。そのためこれまでITなどを活用して効率や利便性を高めてきた分、サイバー攻撃や従来からのIT資産との整合性をとりながらIoT化を進めなくてはならない宿命を持っている。しかし、規模の小さな農業や漁業には、その面のしがらみがない分、やろうと決断した時のスピードはベンチャー企業のように早い。このメリットを大いに活かすべきである。

　昨今の地方の人口減の要因は、自然減ではなく社会減であり、地方に仕事が不足しているのが原因だ。IoTの活用により農業は大きく変わり、アメリカに続いて日本でも若者が働く農業が復活する。そして農業がデジタル化すると、アップルが音楽業界に参入したのと同じことが、農業でも起こる可能性がある。この時、日本の農業は大変革を迎え、ロボットAI農業へと進むのではなかろうか。同様のことが漁業や林業でも起こる。

　紙面の関係で本書では農業と漁業の一部の事例しか紹介できないが、同様なIoTの応用は方々で始まっている。計測できるようになると製造業で培われたPDCAサイクルを回すなどの各種の技法の活用で、効率化が図れる。農業や漁業のようにこれまで経験と勘に頼ってきた領域こそ、伸び代が大きいのだ。

　通信革命がIoTの適用領域を拡大し、IoT化を加速することで、これまで日本の弱点（生産性が低い）とされてきた領域（農業や漁業だけでなく、林業、介護、子守など）にIoTを適用した明るい未来がある。

COLUMN

安価なIoT通信の登場　インフラに普及

　2020年から実用が見込まれている「第五世代移動通信システム」、略して5Gが脚光を浴びている。高速・大容量化、端末接続数、低遅延・超高信頼性を実現した5Gにより、IoTが本格的になるとも言われている。国内携帯電話市場の飽和に直面する通信各社にとって、IoT市場は数少ない成長分野だ。そこで通信各社は競ってこの5Gに取り組んでいる。

　この5Gに隠れてはいるが、低価格IoT通信の時代がいち早く動き出し、通信各社はIoT向けに月額料金100円以下のサービスを始めだした。これまでIoT導入のボトルネックのひとつになっていた通信料金の壁が崩れることで、IoTの普及が加速しそうだ。

　NTTコミュニケーションズが2017年7月に開始した低価格IoT通信サービス「100円SIM」は、月あたりの通信量が1メガバイト以下であれば100円で利用できるサービスで、中国や欧州、米国などで使った場合も料金は変わらない。この100円SIMは1年弱で契約数20万回線強に達したという。

　NTTドコモも同じようなサービス「LTE-M」を2018年10月からより開始した。LTE-Mは既存のLTE網を活用し、通信速度を制限して低消費電力での駆動や通信モジュールの低価格化を図っている。LTE-Mは、機器は電池やソーラー電源での駆動も可能になり、LTE網に直接つながるため幅広い用途での活用を見込んでいるという。

　KDDIやソフトバンクなども同様のサービスを開始した。また京セラコミュニケーションシステムは毎秒100ビットと携帯電話回線の100万分の1以下の低速回線ながら、年100円という圧倒的な低コストを売りにし、サービス開始1年で100万回線を突破したという。

　料金の安さに加えて、単3電池2本で10年間稼働するような低消費電力な通信規格を使ったIoT通信も登場している。これまでコストの問題からIoTの導入が進んでいなかった水道メーターの検針やマンホールの監視、農業設備の監視などの社会インフラ分野での導入や子供の見守りサービスへの活用などが進んでいる（日本経済新聞2018年8月22日）。

5 まとめ—進むIoT化と世界の中で遅れる日本

　本章で取り上げた日本企業の事例からも、いろいろな産業でIoT化への取り組みが始まっていることや、個々の企業の取り組みは着々と進んでいることがわかる。

　IoT化の目的をGEのように製品の単体売りからサービスを売ることに転換して、事業の成長と受注の安定化を図ろうとする企業も出てきている。具体的には、製品に取り付けたセンサーからのデータをリアルタイムに収集し、納入した製品の稼働状況を診断・予知保全することで、不稼働時間を短縮して顧客の満足度を向上させることを目指している。

　またIoT化の目的をシーメンスのようにスマート工場の実現に置いている企業もある。具体的には、工場の生産ラインをつなげて機械や設備の稼働率や生産効率を上げ、エネルギーなどの使用効率を高め、生産プロセス全体の効率化を上げる企業も出始めている。

　物流の効率化を追求している企業や、店舗での販売効率向上を目指している企業、さらにこれまでは実現していなかった新たな事業の創造をIoT化で達成しようとしている企業など、本章で取り上げた以外にも多数の事例が報告されている。

　しかし、日本企業全体としてのIoTの導入は、海外に比べてまだまだ遅れている。その原因の一つがトップダウンによる展開が少ないことだ。経営論でトップダウンがよいかボトムアップがよいかはよく議論されるが、筆者はケースバイケースだと考える。少なくともIoT化やAIの適用はトップダウンでないと実現できない。現場の第一線ではROIが示せなくて止まっている。これでは海外との競争にスピードで負けてしまう。

　また農業や魚業、林業の分野にも、低消費電力で低料金の通信が実現しつつあることから、これらの産業でも効率向上を目指して、IoT化に積極的に取り組もうとしている動きがある。この低料金通信の実現のインパクトは大きく、これまで通信コストの問題からIoT化が進んでいなかった水道メーターの検針やマンホールの監視、橋梁やトンネル、下水道管の監視などの社会インフラ分野でも、IoT化が進展しそうだ。他にも子供の見守りサービスへの活用などサービス事業者が一斉にIoT化に乗り出すなど、その応用範囲は無限にありそうだ。

　さらに人の状態に着目したIoTが広がる。既に富士通は人を中心とした

「ヒューマンセントリックIoT」の販売を流通業向けに開始している。これは物流の現場における人・物・環境などのセンサーデータを分析することで、流通業界で課題となっている人手不足への対応や売上の最大化に向けた最適な改善施策へつなげ、競争力強化を実現することを狙っている。

同様に組立工場ではチョコ停の削減が大きなテーマの一つだ。チョコ停は短時間の停止だが、何度も発生するため生産性を低下させている。従って、この原因を究明し、対策を行わねばならない。チョコ停原因の追究のためには、人、機械、材料、生産方法などのデータに基づいた要因分析をしなくてはならないが、これまで人の動きの履歴は日報などのデータによっていた。この人がなぜ、どんな時に停止ボタンを押すのかをIoTで自動収集することにより、日報を書く手間を省き、分析の精度も向上させることが期待されている。

これら私たちに身近なところでのIoT化の動きは歓迎するものだが、ここに留まっていてはならない。世界の趨勢を見ると、ドイツやアメリカの企業はもっと先を行っている。中国もインドも国を挙げてIoT化に取り組んでいる。日本企業はIoT化の動きをもっと加速させねばならない。しかし、現実はそのような先進企業は我が国ではまだまだ少ない。理由はIoT化の実現を阻む課題を日本の企業のほとんどが乗り越えていないからだ。

例えば製造業が自らの製品にセンサーを装着して、客先からデータを自動収集できるようにすれば、IoT化が達成できると思ったら大間違いである。IoT化して効果を得るためには、センサーからのデータを自動的に収集し、それを各部門で有効活用するシステムに昇華させなくては期待する効果を得ることはできない。また、客先からデータを自動収集するためにはインターネットを介して自社のシステムと接続しなくてはならない。その際、顧客にサイバーセキュリティの心配をさせてはならない。

また工場のIoTの活用は、まだ第1か第2ステージに留まっている企業が多いが、今後はスマート工場の実現を目指して第3ステージや第4ステージへと進む企業が次々と現れてくる。その際に基幹システムとの接続は必須となる。その時に大きな課題としてあがってくるのが、サイバー攻撃に対処するセキュリティ問題であり、基幹システムのコード統一の問題だ。

これらの課題を克服することなしに、日本企業が海外企業とまともに戦うことは難しくなってくる。しからばこの原因は何なのか。海外ではどうなっているのか。日本特有の問題なのか。これらの疑問については、第2部の各章で詳述する。

COLUMN

工場のレイアウト

　エネルギーを動力源とした工場の歴史を紐解くと、人類が工場の動力源とした最初のものは水車だった。動力機関としての水車は紀元前2世紀ごろ、小アジアで発明されたといわれている。むろん、その利用は比較的限定されたものだった。

　それが中世になると文明の中心が地中海沿岸を離れ中・西ヨーロッパに移行し、安定した水量が得られる土地柄も相まって、急激に動力水車の利用が増加した。動力水車の使用法は、それまではもっぱら製粉に限られていたが、10世紀ごろから工業用動力としても使われるようになった。例えば11世紀のイングランドでは、推定人口140万人に対して5642台の水車があったと記録されている。

　13世紀にはヨーロッパ全域に動力水車が普及したが、ヨーロッパ圏以外の水車の発達は、ヨーロッパに比べかなり見劣りする。中国では、宋の時代（10世紀から13世紀）には水車力を用いて紡績工場さえ作られていたが、不思議なことにその後の発展は見られなかった。イスラム圏でも水車の記録はあるが、その用途はおおむね製粉にとどまり、産業の原動力としての使用はついに見られなかった。

　日本では平安時代（829年）に諸国に灌漑用水車を作らせていた。15世紀に日本へ来た朝鮮通信使は日本の農村に水揚水車があることに驚き、水車の製造法を『朝鮮王朝実録』に記録している。日本の動力水車の本格的な使用は、江戸時代に白米を食する習慣の広がりで精米・穀物製粉のために使用された。江戸時代の朝鮮通信使も日本の水車の普及に驚いたことを記録している。

　18世紀に入り産業革命が起こると、石炭をエネルギー源とする蒸気機関が工場や輸送機器（蒸気機関車など）の動力源として利用されるようになった。

　それまで工場は水力を利用するために川沿いに建設していた。しかしワットが蒸気機関を改良したことによって、川を離れ都市近郊に工場を建設することが可能になった。用途の広がった蒸気機関は、水力に頼らない工場の立地や交通機関への応用（都市化の進展、機関車、蒸気船）など、産業革命・工業化社会の原動力になった。

　それとともに、燃料である石炭を時代の主役に押し上げた。そして20世紀

中頃に石炭よりも使い勝手がよい石油が主要なエネルギー源としての地位を占めるようになった。

電気が動力源となるまでの工場の動力はもっぱら蒸気だった。そのため中央に大きなタービンが一つあり、動力機械はそれを中心に配置され、カムやクランクや歯車で動力が伝えられていた。19世紀末には、工場によっては建物の中に1マイル以上ものライン・シャフトがあった。

その次に登場した動力が電気だ。でも当初は非力なモーターだったので、電気は何の効率向上ももたらさなかった。電気が本当に力を発揮したのは小さなモーターを分散させて配置した、新しい型の工場が登場してからだ。

電気は電源の取り出し位置が自在なため、導入機械の配置が制約されないという特質がある。それを利用すると、無駄な動力伝達機構が不要になるだけでなく、機械の配置を製品中心のベルトコンベヤ方式に変更できるので、生産性は飛躍的に向上した。これによって社会の生産力が上昇し、より便利でより豊かな生活を享受することもできるようになった。

しかし、この改革が一挙に進んだわけではない。工場のレイアウトは工場の動力の主流が電力になっても、水車やボイラーが動力だったときの配置が踏襲されていた。電動モーターが発明されたのが1883年、電力で動く路面電車が開発されたのは1888年で、電動モーターは産業分野で大変重要な物になった。しかし、工場のレイアウトは昔通りだった。ヘンリー・フォードが自動車の製造工程を革新したベルトコンベア方式の工場を作ったのは1912年だ。

この慣習がヘンリー・フォードによって解放されるのに20年以上もの歳月が必要だった。この例が示すように、人間の慣習をすっかり変えるのは実に長い年月がかかるのだ。

中世までは、工場の動力は水力だったので、工場は川沿いに建設していた。しかし蒸気機関の改良により、工場の建設場所は自由度が高まった。これをいち早く利用したものが時の勝者になった。次に動力が電気に変わることで、工場内の機械のレイアウトの自由度が増した。これをいち早く利用し、ベルトコンベア生産を取り入れたフォードが時代の勝者になった。

さて電気をIoTに置き換えてみよう。今の工場（企業）にIoTを入れただけでは、かえって効率が悪くなる可能性もある。IoTを本当に活かすためには、今までの発想を変えて、現在の工場（企業）のクランクや歯車を捨てなくてはならないのかもしれない。すると、この捨てられるクランクや歯車は何だろうか？

第3章
IoTプラットフォームビジネスの海外と日本の違い

　拙書「俯瞰図から見える　IoTで激変する日本型製造業ビジネスモデル」の記載対象としたIoT化を牽引しようとしている企業は、2015年当時それぞれがこぞって独自のIoTフラットフォームを開発していた。

　その代表であるアメリカのGEやドイツのボッシュは、IoT技術を用いて自社製品のサービス化を達成しようとしていた。こうすることで、製品の機能はそのままでソフトウェアを使って製品の能力を引き出して、顧客にとっての価値を最大化することで競争力を高め、またサービス化することで製品単体の価格競争から脱し、売り上げの安定と収益の向上を狙っていた。

　これに対してドイツのシーメンスはIoT技術を「生産技術の革命」ととらえて、顧客からの少量の要求にも瞬時に対応でき、しかも大量生産とそれほど変わらない価格で提供できるスマート工場を実現し、製品の競争力を高めようとしていた。

　どちらも製品に新たな機能を追加して競争するのではなく、既存の製品や設備をソフトウェアの活用でより高度なオペレーションを達成することによって、収益の拡大を狙っていた。

　それから3年経過した現在、GEやボッシュはサービス化の事業範囲を拡大しようとしている。シーメンスもスマート工場を実現しつつあり、今はそこで培った技術とノウハウを用いてサービス化に乗り出している。そこで本章では、前書から3年経った今、これらの企業の戦略の実行状況を振り返るとともに、それに対する日本企業の動向について探る。

モノからサービスへの転換―GEの取り組み

●サービス化を目指すGEの戦略

　世界最大のコングロマリット（複合企業体）のGEがIoT化で最初に取り組んだのは航空機エンジンだった。GEは航空機エンジンをモニタリングすることで、航空会社に航空機の最適な運航（航空機の燃費改善や備品・消耗品の適切なサービス）を提案している。

　これによりGEは航空機エンジンの「モノ売り」ビジネスから安定で高効率なオペレーションを提供する「サービス売り」ビジネスへと転換しつつある。つまり、航空機エンジンの機能を提供するというサービス業に変わろうとしているのだ。これはGEの収益の向上と安定化に寄与するだけでなく、顧客にも大きなメリットを与えている。これを支えているのが、GEのIoTのプラットフォームプレディックス（Predix）と航空機用のIoTサービスプレディクティビティー（Predictivity）だ。

　GEは航空機エンジンだけでなく、それを搭載している航空機、その航空機の運航、さらに空港・管制までをサービス対象にすることにより、自社の航空機エンジン、装備品の競争力を高めようとしている。そして、そのサービスの範囲を航空機から航空会社へと拡大している（図表1-5のAの枠を参照）。

　航空機エンジンのソリューション事業に成功したGEは、航空機エンジンで行ったのと同じことを、発電所タービンでも、医療機器などの他のGEの製品にも同様に展開している（図表1-5のBの枠を参照）。その結果、GEはマーケティング通じてたった1社で、産業用IoTに対する認識を高め、世界のIoTを牽引していると言われるまでになった。

　2012年に「Industrial Internet」を提唱したGEは、当初からの垂直統合戦略を変えることなく、2018年現在も踏襲している。このGEのIoTを支えているのが、IoTのプラットフォーム「プレディックス」とその上で挙動するIoTサービス「Predictivity」群だ。

　すでにイギリスのエネルギー関連事業を展開する多国籍企業ブリティッシュ・ペトロリアム（BP：British Petroleum）、アメリカ合衆国の大手電力・ガス会社エクセロン（Exelon）、スイスのエレベーターとエスカレーターメーカーのシン

ドラー（Schindler）、売上高世界一のデンマークの海運企業モラー・マースク（Møller - Mærsk）など産業界の有力企業が、「Predix」や「Predix ServiceMax」をはじめとするGEデジタルのソリューションに加え、Predixをベースに顧客やパートナーが開発した何千ものアプリケーションを利用して、オペレーションの改善やアセットの効率化をしている。

●デジタルツインは何を変えるか

　近年、製品や生産ラインをデジタル上に再現して自動生産につなげる技術が注目を浴び、生産現場は物理空間からサイバー空間へシフトしていっている。これをGEはデジタルツイン（Digital Twin）と呼んでいる。

　デジタルツインとは、工場や製品などに関わる物理世界の出来事だけでなく、使用状況や経年劣化までをそっくりデジタル上にリアルタイムに再現するもので、現実世界（物理空間）での動きを仮想世界（デジタル空間）上でリアルタイムに再現することにより、製品開発時に設計や仕様変更についてもコンピューター上でプロセスの検討を行えるようにする。

　これにより開発期間の短縮やコスト削減につながるだけでなく、商品が市場に出るまでの時間（Time to Market）の短縮や適正な在庫管理、設計改善によるコストダウン、変化点の把握による原因究明、問題の波及範囲の予測のようなことが可能になる。

　このデジタルツインを構築することによって、現実世界のモノの代わりに様々な状況の把握や予測に利用できるようになり、トラブルを予測して対策を事前に施すことによりダウンタイムをなくす、あるいは必要ない保守を省いてモノの流れを効率化させるといったメリットなどが生まれる。その効果は経営面にもおよび、意思決定の迅速化へとつながる。

　このデジタルツインを提唱したのが、IBMからGEに移ったGEソフトウェアリサーチ副社長のコリン・パリスだ。

　コリン・パリスは「グーグル、アップル、そしてアマゾンの3社は、たゆみない取り組みでデータを収集し、その分析結果を使用して顧客が何を求めているかを予測している。この3社はS&P500企業の平均売上増が年率3％未満なのに対して、10％増の売上げを達成している。3社のこのような大成長は、顧客の行動を予測する能力に大きく関係している。インダストリアル・インターネットは、GEのような企業にもこれと同様のチャンスをもたらすことを約束するものだ」と話している。

世界中でこれだけの成長を達成している企業は、現在インターネットを利用したプラットフォーム事業者だけなので、これはGEがプラットフォーマーになると宣言していることになる。プラットフォーマーについては【コラム　プラットフォームとは】を参照していただきたい。

● AIによる業務の最適化

　GEは事業別に「資産の最適化」と「業務の最適化」を定義し、顧客にとっての投資対効果を定め、それを顧客にもオープンしている。

　例えば航空機事業では、飛行中の航空機エンジンの状況を性能監視センサーから収集し、そのデータを分析して修理の必要を見越した予知保全やスペアパーツの迅速な配備をすることを「資産の最適化」と呼び、ビジネス・パフォーマンスと各種の操作規則の適切な遵守を確実にすることを「業務の最適化」と呼んでいる。

　例えば修理の遅延や航空乗務員または資産の疲労を見越して、意図的に冗長性を持たせたバックアップ体制の展開や代替用の資産を準備する。また資産の潜在的な障害状態や効果的な診断によってビジネスやサービスの中断を最小化する代替ソリューションを用意することで、ダウンタイムを最小限に抑える。そしてこの評価指標（KPI）を、オンタイム発着と運用コストと混乱時のコストと定義している。

　同じようにオイル・ガス事業でも、シェールガス、タイトオイル、オイルサンドなどの掘削ドリル先端のデータを用いて予兆検知を行うことで、潜在的な掘削ドリルの故障を最小化する。さらに、スタックパイプや水圧破砕の乾燥のリスクを最小化する評価指標を設定した提案活動を行っている。

　このようにGEは、すべての事業部門で最終顧客にとっての最適化を明文化し、顧客とGEとでその評価指標（KPI）を共有して、顧客に年率1％の改善効果を約束している。このようなことができる理由のひとつが、AIの積極的な活用にある。

　詳細は、拙書『俯瞰図から見える　日本型AI（人工知能）ビジネスモデル』日刊工業新聞社（2017/12）を参考にしていただきたい。

● 社内展開—ブリリアント・ファクトリー

　GEは世界中に展開している自社工場（約450工場）に「プレディックス」を導入し続けている。その展開のスピードは年に約75工場なので、すべての工場

に展開し終えるには単純計算で6年もかかる。

　この「プレディックス」の導入を契機に、生産性や売上総利益を追求するだけでなく、オペレーションや即応力でも業界最高水準の信頼性の高い製品を提供するための取り組み展開している。

　例えば、センサーから収集したデータと管理システムのデータとを分析することで、工場内でのプロセスがどれだけ有効に機能しているのかが把握できる。これにより、リアルタイムで事態を把握して対処できる。また何かあっても、最高品質を維持しつつ期限どおりの納品を実現するなどの適切な対応が可能になる。

　この取り組みをGEは『ブリリアント・ファクトリー（Brilliant Factory）』と呼び、フォードシステムやトヨタ生産方式に続くものだと言っている。現在GEはこの「ブリリアント・ファクトリー」という考え方を、世界中のすべての自社工場に広めようとしている。

　目指すのは、リアルタイムでデータを収集し、このビッグデータに最新のデジタル・テクノロジーを活用して製造オペレーションからサプライチェーンまで全体を最適化することだ。もし、この取り組みをGE全体で実現できれば、サプライチェーンの生産性を1％向上でき、GE全体で最大5億ドルもの節減につながるという。

●まとめ—IoTでプラットフォーマーになることを担う

　以上のようにGEは、2012年に「インダストリアル・インターネット」を宣言したことを、IoTプラットフォーム「プレディックス」とIoTサービス「Predictivity」、さらにデジタルツインやAI、ブリリアント・ファクトリーなどで補強しながら邁進している。

　狙いは、インターネットでプラットフォーマーの位置を獲得したグーグルやアップル、アマゾンのように、IoTでプラットフォーマーになることだ。このために、グローバルIT企業のマイクロソフト、オラクル、アップルと連携している。

　マイクロソフトとの連携は、GEのプレディックスとマイクロソフトのクラウドサービス（Microsoft Azure）の利用者が双方の機能に自由にアクセスできるようにした。オラクルとの連携では、GEのプレディックスとオラクルのERPの補完的なソリューション開発・統合する戦略的パートナーシップ締結した。またアップルとの連携では、プレディックスを通じて設計された産業用アプリケーションをiPhone、iPadに提供し、iOSのためのプレディックス・ソフトウエア開

発キットの提供でデベロッパーの産業用アプリケーションを促進する体制にした。

しかし、GEの業績は芳しくない。2015年の第1四半期に金融事業縮小に伴う費用を計上して1兆円を超える赤字をだした。217年の第3四半期もエネルギーシステムの変化による発電設備の需要減退に伴い、ガスタービンなど火力発電関連の機器販売の低迷が続き、1兆円を超える赤字を計上した。

このためGEは方針転換をしたようだ。一つは、プレディクスを核としたソフト事業の売上高を2020年に150億ドルにすると宣言していたが、2018年12月期の売上高は12億ドル程度にとどまる模様で、元CEOジェフ・イメルトの計画は達成不可能になった。CEO在任16年のジェフ・イメルトの後を次いで、2017年8月にCEOに就任したジョン・フラナリーもIoT関連事業に力を注いできたが、2018年10月に在任わずか1年で交代した。新任のローレンス・カルフ氏は、GE生え抜きではない初めてのCEOだ。

もう一つは、自社単独での「プレディックス・クラウド」構想戦略を放棄し、クラウド接続連携ではアマゾンのAWS、マイクロソフトのアジュール（Azure）と提携し、これによりアプリケーション開発に専念する体制に転換した。

これらのことは、IoTでプラットフォーマーになることをGEは断念したのだろうか。確かにGEの第3四半期決算は悪かった。しかし問題は電力の需要を読み間違えた発電部門に集中している。同時期に航空機エンジンや医療機器部門は拡大傾向が続き、売上高営業利益率は20％台と高い収益力を確保している。不振が続いていたオイル＆ガス部門も原油価格の回復基調を受けて受注が73％増と急拡大している。

元来、GEの真骨頂は巨大な製造業でありながら、市場変化への対応の素早さにある。目下、急速にハードウェア製造から距離を置きつつ、それらを制御するソフトウェア開発に積極的になっている。オラクルとも戦略的パートナーシップ締結した。早晩、GEは事業を立て直し、営業キャッシュフローを増やすだろう。だから、IoTでプラットフォーマーになることをGEは断念したわけではないだろう。今後もGEの動きから目が離せない。

2　マイクロセンサーを武器に―ボッシュの取り組み

●マイクロセンサーを中心に据えたボッシュの戦略

　GEと並んで製造業におけるIoT化を牽引しているのが、ドイツの自動車部品会社であるボッシュだ。このボッシュこそがインダストリー4.0の全般的な運営を担う運営委員会の委員長であり、インダストリー4.0の実質的なリーダーである。

　ボッシュはインダストリー4.0のリーダーでありながら、GE主導のIICの最初の実証実験の報告者でもある。この他にもボッシュは、インダストリー4.0関連のパイロットプロジェクトを約100個も試行している。

　ボッシュのマイクロセンサー（MEMS: Micro Electro Mechanical Systems）事業は、1995年のセンサー生産の量産化以来、80億個のセンサーを製造しており、毎日400万個のセンサーを製造している。

　もともとは自動車用分野の用途として開発されたボッシュのマイクロセンサーだが、今ではスマートフォンやノートPC、タブレット、ゲーム機、スポーツウォッチなどにもその技術が応用されている。

　このマイクロセンサーの大きさはわずか数ミリなのに、その中にバッテリー、センサーだけでなく伝送装置を内蔵している。ボッシュのマイクロセンサーは、明るさ・場所・傾き・加速度・気圧・移動方向・重力・湿度などを感知する。今や、全世界のスマートフォンの半数にボッシュのセンサーが搭載されている。つまり、最新のモバイル機器で目や耳、さらにそれ以外の知覚器官としての役割を果たすのが、ボッシュのマイクロセンサーなのだ。

　ボッシュはこのマイクロセンサー技術を武器に事業のIoT化を推進している。

●ボッシュのプラットフォーム

　ボッシュは実験を重ね、「IoTは幅広い異なるアプリケーションによって実現されるが、それでもほぼすべてのIoT事例には共通の要求事項がある」と結論づけ「Bosch IoT Platform」を開発した。

　そしてボッシュは自動車分野だけでなく、製造業や農業、スマートフォンによる機械の遠隔操作、スマートホーム、スマートシティなどの様々な分野での運用

実績を経て、IoTアプリケーション開発基盤「Bosch IoT Suite」を2016年3月に発表し、翌年の2017年に一般企業向けに垂直統合サービスの提供を開始した。

● 適用事例

2018年現在ボッシュは、クラウドベースの「Bosch IoT Suite」を通じて、620万個を超えるセンサーやデバイス、マシンをユーザーや企業の基幹システムに接続している。その応用例は次の通りである

①「コネクテッドカー（Connected Car）」では、すでに150万台以上の自動車がボッシュのIoTプラットフォームに接続して、無線経由でファームウェアやソフトウェアの更新を行っている。これを用いて、ナビゲーション用地図の更新やヘッドユニット上でのインターネットブラウザ、診断スクリプトなどの管理が可能となっている。

②「スマートホーム、スマートビルディング」では、すでに100万戸を超えるスマートホームにボッシュのプラットフォームが展開されている。ビルのオーナーや経営者やビル用機器メーカーは、このソリューションをベースにホームオートメーションやビルオートメンション、セキュリティ、エネルギー管理や省エネなどに関連したビジネスの提供を始めている。

③「コネクテッドマニュファクチャリング」では、ボッシュのIoTプラットフォームを用いて生産や物流の最適化、さらに機械やプロセスのセンサーからデータを収集して可視化し、分析することが可能になっている。例えば濾過フィルターのMANN+HUMEL社では、各地のろ過システムのセキュアな接続と管理を行っている。

④「農業分野」では、アスパラガス農場や養蜂園、イチゴ畑などでボッシュのIoTプラットフォームが使われている。毎日の気候パターンを観察して霜などの兆候を察知し、農作物の保護や肥料や水の最適な投与時期と分量を計算している。

⑤「漁業分野」では、牡蠣の養殖に活用されている。リアルタイムセンサーとデータ分析を組み合わせて水質汚染の兆候を見極めることで、収穫時期の精度を向上させている。これによりオーストラリアの牡蠣業者は、収穫期限を30％短縮して年間約7.6百万豪ドルを節約している。

● まとめ―業務の最適化を目指して

GEが機械設備にセンサーを着けて様々なデータを収集し、セット産業やサー

ビス産業の業務の最適化を目指しているのに対し、ボッシュはドイツが国家を挙げて取り組むと宣言した「インダストリー4.0」の構想に則って、様々な計測器にマイクロセンサーを組み込んだチップで、部品産業や組立産業、サービス産業の業務の最適化を目指している。

　2018年現在、ボッシュもGEと同様に、自ら掲げた戦略を6年間変えることなく推進し、様々な分野に垂直統合サービスの実績を積み上げている。ボッシュはIBMのAI「ワトソン」とボッシュのクラウドベースのBosch IoT Suiteを連携させ、ボッシュの機器が集める情報とAIを融合した新しいサービスを創出する。またSAPのデータベースHANAをボッシュのクラウド上に実装するとともに、HANAクラウドプラットフォームを介してSAPにボッシュのIoTマイクロサービスを提供する。

　特徴的なのは、ボッシュが展開している農業や水産業に対してのIoTソリューションだ。これらはボッシュのマイクロセンサーで、気温や湿度、水温などのデータを収集することで可能となる業務で、成果報告をする顧客も現れている。

3 完成したスマート工場の展開 ―シーメンスの取り組み

●スマート工場を目指すシーメンスの戦略

　シーメンスの取り組みは2015年当時、GEやボッシュとは少し異なっていた。IoTを新たなサービス事業として様々な産業に展開しているGEやボッシュと異なり、シーメンスはIoTを「生産技術の革命」ととらえて自社の工場への適用を主に展開していた。

　まずシーメンスは、顧客要望を反映させた個別仕様製品を同じ生産ラインで作り分ける「個別大量生産」（Individualised mass production）を実現する自動生産ラインを開発した。これは生産ライン上を流れてくる製品に添付されているチップ情報を読み取り、その製品に一つひとつ異なる部品を取り付けるものだ。さらに一つの生産ラインで100種類以上の異なる製品を同時に作り分けることも可能にした。

　このような「個別設計受注生産」と「汎用仕様大量生産」を本格的に実現するためには、自動生産ラインの設備だけでなく、チップに情報を埋め込むためにサプライチェーン上のすべての業者間での「設計・生産データのクラウド共有」も必要になる。そこでシーメンスはSAP（エス・エー・ピー）と協業して「Siemens Plant Cloud Services」を開発し、シーメンスが顧客に対してIoTサービスを提供する「IoTサービスプロバイダー」になることを決意し、試験的にパイロット企業に展開した。

　またシーメンスは顧客に対して投資対効果を明示して、新設した「Digital Factory」部門の中核に製品ライフサイクル管理システムを据えたソリューション事業の展開を開始した。このソリューション事業を支えているのが、シーメンスのかかげるサイバー・フィジカル・システム（CPS；Cyber Physical System）で、これはGEのデジタルツイン（Digital Twin）に対応するものだ。

●サイバー・フィジカル・システム

　サイバー・フィジカル・システムは、現実の世界（Physical）とデジタルの世界（Cyber）の間をIoTでつなぎ、現実のデータをデジタルの中にマッピングする。そしてコンピューターでシミュレーションやビッグデータを分析し、生産の

計画から製造工程、資源の有効活用、サプライチェーン、そして生産のライフサイクルの管理に含まれている産業の全過程に対して、根本的な改良を容易にする。

コンピューター内で開発、設計、製造の試行錯誤や最適化を行うため、現実の世界で試行錯誤を何度も繰り返してようやく最適化にたどり着くプロセスが無くなる。このため格段に開発スピードが向上する。

設計者は製品を設計する際に、製品の実際の状況を完全に理解しないままに設計している。設計時に機械的強度の安全率を決める際には強度の不確実性や負荷の不確実性や、対象部が破壊した場合の機械・構造物全体への影響の大きさ、機械・構造物全体が破壊したときの影響の重要性、対象部の損傷が進行した場合に備えての実施の有無、検査間隔や検査レベルの設定など考慮すべき点はたくさんある。そのため設計時にはいろいろな安全率をかけている。

例えば、強度の不確実性を補うための安全率でも、材料の欠陥、熱処理、加工、組立などの製造上の不均一性、試料と実物の相違、標準試験試料のばらつき、切欠き、表面粗さ、使用環境などが、強度の効果推定の不確実性に影響を与える。

あるいは疲労試験などによる強度評価に関する確実な資料がある場合と確実な資料がなく類似の資料や実験式などから推定する場合や、腐食など定量予測困難な悪質な条件が予測される場合などでも安全率は異なる。これらの値がどのような確実さをもって設定されたかに基づき、安全率の値は変わってくる。

これに対して製品のリアルな稼働情報が取得できると、安全率の精度が上がるので設計をさらに最適化に近づけることが可能になる。また設計時に活用しているシミュレーションを例にとると、これまでのシミュレーションは様々な境界値問題における拘束条件を不明なままに利用することが多い。このため、シミュレーションの結果の確度はその分だけ曖昧になっている。

だが、これらのリアルの情報がフィードバックされると、「なぜ生産の不具合が発生しているのか、本当に起こっている物理現象は何か」ということをシミュレーションなどで解き明かすことが可能になる。つまり、現実に起こっていることが何なのかが正確に理解できるので、現場の様々な問題が解決できるようになる。

サイバー・フィジカル・システムが実現すれば、サイバー空間に蓄積されたデジタル情報は、空間の距離や組織の壁を越えて活用することが可能となり、従来の枠組みを越えた最適化の機会を生み出すことができると期待されている。

●サービス化を目指した取り組み「マインドスフィア」

　シーメンスは自社工場での実績をもとにIoTプラットフォーム「マインドスフィア（MindSphere）」を開発し、販売を開始した。マインドスフィアはSAPのIaaS（Infrastructure as a Service）をベースに開発したPaaS（Platform as a Service）サービスで、産業用IoTのOS（オペレーティングシステム）としての地位の確立を狙っている。

　マインドスフィアは工作機械などに設置したセンサーから振動や温度などのデータを収集し、工場の稼働状況をデジタル化し、見える化し、管理する。また収集した大量のデータを分析して故障予知や生産性改善につなげるものだ。

　製造プロセスに使うIoTプラットフォームは、製造業者がデータの収集や抽出、分析を素早くできる仕組みを安価に提供できなくてはならない。シーメンスはこれらをマインドスフィアで実現しようとしている。

　シーメンスは「マインドスフィア」を導入する企業に、バリューチェーン全体での価値を創造すると約束している。その特徴は「マインドスフィア」の導入コストを低く抑えている点だ。例えばマインドスフィアの価格は、初期導入コストをゼロにしている。さらに機械の稼働状況の「見える化」は、1台数千円もかければできるような価格に設定している。このようにマインドスフィアの導入障壁を低くして、中小企業への拡販を狙っている。

　もう一つの特徴は、サービスの対象をシーメンスの製品に限定していないことだ。つまり、工場内に限らず開発や物流、それに自家発電などの施設にある様々なメーカーの機器や設備のデータを総合的に分析・管理できることだ。このために、データ通信頻度を10秒に1度にするなど、リアルタイム性をある程度抑えている。

　シーメンスは現在、IoTプラットフォーム「マインドスフィア」を用いたIoTソリューション事業を、欧州の自動車メーカーや機械メーカーを中心に展開している。

　このマインドスフィアは日本でも販売を開始している。工場で使われる工作機械や主要機器の分野で世界的なメーカーがひしめき、顧客の要求も厳しい日本でマインドスフィアが受け入れられれば、「どの機械ともつながる」ことを証明したことになり、シーメンスのマインドスフィア事業はグローバルで通用することになる。

第3章　IoT プラットフォームビジネスの海外と日本の違い

●まとめ—IoTソリューション事業の正念場

　シーメンスはIoTを「生産技術の革命」ととらえて自社工場への適用を主目的においていた。その後、自社の成果を顧客に対して提供しようと考え「製品ライフサイクル管理システム」のソリューション事業を開始した。

　シーメンスもGEと同じくエネルギーシステムの変化による発電設備の需要減退に伴い、電力分野での人員整理を発表しているが、分散電源を制御するシステムの開発など、やはりソフトウェアに力を入れている。具体的には、シーメンスはマインドスフィアの強化のため連携を積極的に進めている。IBMのAI「ワトソン」をマインドスフィアに組み込み、工場などの分析を円滑する。さらにSAPのクラウドプラットフォーム「SAP HANA」やマイクロソフトの「Microsoft Azure」、アマゾンの「Amazon Web Service」上でマインドスフィアを動作させるなどだ。

　医療や発電機器、産業機器を得意とするシーメンスは、IoTプラットフォーム「マインドスフィア」でIoTビジネスを着実に拡大し、現在1万件以上の顧客を獲得していて、売上高も5500億円に伸ばす計画だ。

　また、基幹業務システムなどに比べてIoTのアプリケーションは、事前に厳密な要件を定義するのが難しい上、開発途中や運用開始後の要件変更が多い。このためIoTのアプリケーションは開発期間の短縮要求だけでなく、頻繁な要件変更への対応が求められる。そこでシーメンスは、「ローコード開発基盤」を手掛けているアメリカのメンデックスを買収し、マイトスフィアとメンデックスの開発基盤の統合に踏み出した。これによりソリューション事業を加速させようとしている。

　さらに、このソリューション事業の中核であるIoTプラットフォーム「マインドスフィア」を製品化して、GEやボッシュ同様に販売を開始した。そのターゲットは、ヨーロッパだけでなく中国や日本にも向けられている。日本はアメリカのGEとドイツのシーメンスの両社から攻め込まれ、正念場に立たされようとしている。

動く世界のプラットフォーム事業

● プラットフォーム事業者

　現在のプラットフォーム事業者の代表格はグーグル（GOOGLE）、アップル（APPLE）、フェイスブック（FACEBOOK）、アマゾン（AMAZON）のインターネット企業だ。企業価値を見る指標の株式時価総額ランキングでの世界トップ5社に、この4社が入っているほど、プラットフォーム事業者の稼ぎはすごく、この20年ほどで世界の在り方を大きく変えてきた。

　ちなみに、この4社は世界の時価総額のトップにも名前を連ねている（アップルが1位、アマゾンが2位、アルファベット（グーグル）が4位、フェイスブックが5位／2018年8月時点）。現在のインターネットを支配しているこの4社の頭文字をとりGAFAと呼び、世界中がその動向に注目している。これに続くプラットフォーム事業者が配車サービスのウーバー（Uber）や民泊のエアビーアンドビー（Airbnb）などだ。

　これはアメリカに限った話ではなく中国でもインターネット企業のバイドゥ、アリババ集団、テンセント3社（頭文字をとってBAT）が後発ながら、人口13億人の巨大消費市場にプラットフォーマーとして登場し、一気に巨額収益をあげている。インターネット時代が作り出したアメリカと中国のプラットフォーム事業者たちは、新しい経済市場を生み出し、時代を動かしつつある。

　そこにGEが製造業で初めて、自社の製品を梃子にしてプラットフォーム事業者になろうとしている。これが成功するかどうかに世界中が注目している。

● プラットフォーム事業の規模

　内閣府の「平成30年版 経済財政白書」は、プラットフォーム事業で日本は大きく出遅れていると指摘している。2018年3月末時点の時価総額で見ると、アメリカではGAFAと呼ばれる4社で、2.7兆ドル（約287兆円）と圧倒的な規模を有している。中国では主要2社（テンセントとアリババ集団）で、9千億ドル（約96兆円）と相応の規模を有しているが、日本の主要企業（ヤフーと楽天）のそれは、わずか4兆円にとどまっていて、大きく出遅れている。

　一方、これらの巨大なプラットフォーム事業者が狙っている市場を比較する

と、時価総額7000億ドルのアマゾンが制覇しようとしている小売業は24兆ドルと巨大だ。ウーバーやエアビーアンドビーが狙っているシェアリングエコノミーは150億ドルだが、従来型のレンタル産業は2400億ドルもある。

　この数値からも、これらのプラットフォーム事業者がいかに巨大なマーケットに狙いを定めているのかがわかる。逆に、グーグル、アップル、フェイスブックが通信業やメディアでいかに巨大な存在になっているかもこの数値からわかる。

●ネットワーク効果

　イーサネットの共同発明者でスリーコムの創設者でもあるロバート・メトカーフは、ネットワークの加入者数が増えるにつれて、電話ネットワークの価値が非線形的に増加し、加入者間の接続を増やせることを指摘した。このメトカーフの法則は、ネットワークの所有者や管理者だけでなく、ネットワークの参加者にも価値を生み出すことを説明している。これにより、これまで経済の主役であった供給サイドの規模の経済よりも、インターネット時代はネットワーク効果によって需要サイドの規模の経済が重要になってきた。ネットワークの価値はユーザーが増えるに従い、ユーザーにもたらす価値を増やすことで評価されるのだ。

　ネットワークを構成する友人の数が増えると、新しい買い手がその市場に引き付けられてネットワークに参加することで、市場の拡大につながる。技術が成熟すれば生産量が増すにつれて、価格も低下する。すると、魅力的な価格と連動してネットワーク効果が表れ、大勢の人がその市場を受け入れるようになる。つまりプラットフォームにとって肝心なのはネットワークの価値だ。

●プラットフォームの種類

　現在のインターネットは完全にプラットフォームに支配されている。2015年、アメリカでもっとも多くのトラフィックを集めたウェブサイトのトップ10はすべてプラットフォーム事業者のウェブサイトだった。またトップ25を見ても20サイトがプラットフォーム事業者だったことが、このことを物語っている。

　だが、プラットフォームビジネスは、アメリカよりも途上国で目覚ましい役割を果たしている。多くの途上国では経済の成長がインターネットの普及と同時に起こっている。このため産業そのものが、インターネットを中心に構築されつつある。中国がその代表で、プラットフォームビジネスによる経済支配が顕著だ。

　プラットフォーマーは、生産手段を所有するのではなく、つながる方法を作っている。これまで最も成功したプラットフォーマーはグーグルとアップルだ。こ

れを活用するプラットフォームが配車サービスのウーバー、民泊のエアビーアンドビー、ユーチューブ、ツイッターなどだ。

　スマートフォンのプラットフォームは、アップルのiOSとグーグルのアンドロイドOSだ。ユーザーはどちらか一方のプラットフォームと契約すると、そのプラットフォーム自体が提供する価値（例えば内蔵されたカメラの画像作成機能）を使用できる。また、機能を拡張するために、それぞれのプラットフォーム用にコンテンツを制作する開発業者たちが供給する価値を享受できる。そうやって価値の交換を可能にするのがプラットフォームだ。

　アップルのiOSやグーグルのAndroidのプラットフォームと、ウーバーやエアビーアンドビーのようなプラットフォームを比較すると、価値を生み出す構造が違うことに気がつく。アップルやグーグルは、自らのインフラを提供して第三者の創作活動の推進に注力している。これをメーカー型プラットフォームと言う。

　これに対し、ウーバーやエアビーアンドビーは、ユーザー間の直接的な取引を円滑化することに、つまり取引費用の縮小に重点を置いている。ウーバーのビジネスモデルを分析すると、自動車は自動車メーカーが作り、輸送はドライバーが行う。ウーバーはドライバーと乗客（ユーザー）のつながりと、利用者間の価値交換（取引）を円滑にするだけだ。エアビーアンドビーもまったく同じだ。

　エアビーアンドビーは従来のホテルよりも、はるかに速く成長できる。ホテルチェーンの場合、新しい不動産の選定や取得、新しいリゾート施設の設計や建設、スタッフの雇用や訓練に何年もかかる。これに対してエアビーアンドビーは、自宅で余っている部屋を貸し出せる人々が参加するペースに合わせて、不動産「在庫」を増やせる。その結果、伝統的なホテル経営者がしばしばリスクのある投資や労苦を何十年も重ねた末にようやく実現が見込まれる到達範囲や価値を、エアビーアンドビーはわずか数年で達成してしまう。

　ウーバーやエアビーアンドビーなどのプラットフォーマーの決済だけをグローバルに代行するのが決済プラットフォーム事業者のペイパルだ。これらを交換型プラットフォームと言う。このように巨大なプラットフォームの周辺には、二次的なプラットフォームが生まれやすい。

　IoTプラットフォームは、iOSやAndroidタイプのプラットフォームと同じメーカー型プラットフォームだ。だからIoTプラットフォームにつながる設備や機器の種類を増やすこと、その作業に第3者をいかに巻き込んで展開するかがポイントになる。つまりスマートフォンでアップルやグーグルがやったことと同じ戦略をとる必要がある。そうでなければIoTプラットフォーム事業者にはなれない。

5 日本のIoTプラットフォーム事業者

● プラットフォーム事業者

　GEはIoTプラットフォーム「プレディックス」を用いて、機械設備から得るデータをもとに保守・保全を行うことに加え、オペレーション支援も提供する事業を展開している。さらに、データ解析ツールの販売により、様々な分野で他社製の機器も含めたプラットフォーマーとなる動きも顕著である。

　GEのIoTプラットフォーム「プレディックス」の販売はすでに日本でも始まっている。例えば、GEとIoT分野において包括的な提携を締結したNECは2017年12月に、「東洋エンジニアリングにGEの産業向けプラットフォーム「プレディックス」を用いた肥料プラントの運転・保全最適化システムを納入した」と発表した。このシステムはプラントの運転情報や保全に関する情報をPredix上に収集して、関係者の間でリアルタイムに共有することで、プラント運転・保全の効率化を実現するというものだ。

　この他、東電の富津火力発電所への導入（2016年9月）や丸紅の袖ヶ浦天然ガス焚き複合火力発電所「中袖クリーンパワー」への導入（2017年4月）が発表されている。

　シーメンスはIoTプラットフォーム「マインドスフィア」を用いて、工作機械などに設置したセンサーから振動や温度などのデータを収集して、工場の稼働状況を「見える化」することで、故障予知や生産性改善につなげる事業を展開している。その特徴の一つはサービスの対象をシーメンスの製品に限定していないことだ。

　日本での具体的な動きは、三菱電機が中心になって立ち上げたIoT基盤「エッジクロス」にシーメンスも賛同企業として加わったことだ。GEがIoTプラットフォーム「プレディックス」とその応用ソフトウェアやノウハウを販売しているように、シーメンスもIoTプラットフォーム「マインドスフィア」と自社の生産分析のソフトなどの販売を始めている。

　このような中、今後日本のIoTプラットフォームのメーカーは、どう戦おうとしているのか。日本の代表例として日立と富士通の戦略を見てみよう。

【事例1】【日立製作所】IoTプラットフォーム「ルマーダ」

　日立のIoTプラットフォーム「ルマーダ（Lumada）」は、日立の幅広い事業領域で蓄積してきた制御・運用技術（OT：オペレーショナルテクノロジー）と、AIやビッグデータ収集・分析などの情報技術（IT）を組み合わせて、顧客にとって最適なソリューションを提供する製品・サービスからなっている。

　日立は社内で蓄積してきたノウハウを2016年に製品化し、IoTプラットフォーム「ルマーダ」として販売を始め、ルマーダを適用してきた案件から約250件のユースケースを公開している（2018年10月時点）。その主なものはコストの見える化やコストの最適化、売り上げの向上などを狙ったものだ。

　ルマーダを活用したビジネスモデルには「Lumada SI事業」と「Lumadaコア事業」があり、前者は産業・社会インフラ系を中心としたIoT分野のソリューション事業で、後者は幅広く適用できるサービスをグローバルに展開する事業としている。

　日立は日立の全事業をルマーダ上に展開して顧客との協創（コー・クリエーション）を図り、2018年度の売上高として「Lumada SI事業」で7600億円、「Lumadaコア事業」で3100億円を見込んでおり、Lumada SI事業とLumadaコア事業合わせて2016年度実績の9000億円を2018年度に1兆700億円まで伸ばす計画だ。

　日立のルマーダは、生産設備の稼働状況や環境情報などのOTデータと生産計画や在庫管理などのITデータをデジタル空間上に紐付けることで、継続的かつタイムリーなAI分析やシミュレーションを容易にし、生産工程全体の最適化を支援する（**図表3-1**参照）。

　図表3-1の上図はIoTコンパスのコンセプトで、OTアセットやITアセットが生成するリアルデータをデジタル空間上に紐付けることを示し、下図はルマーダのアーキテクチャを示したものだ。

　IoTプラットフォームの動作を図表3-1の下図を用いて説明する。OTアセットが生成する生産設備の稼働状況や環境情報などの現場データやITアセットが生成する生産計画や在庫管理などのビジネスデータが入力される①。入力されたOTデータはData Managementを介して②、現場の緊急異常検知などストリーム処理するケースはAnalyticsへ、バッチ処理するケースは一旦Coreに蓄積する。蓄積したデータをCoreで紐付けして、生産現場の物理的つながりをデジタル空間に構築する③。これはGEの提唱しているデジタルツインのコンセプトと

第3章　IoTプラットフォームビジネスの海外と日本の違い

同じである。

つながりを得たデータは、Analyticsでボトルネック発見や製品などに生じた不具合の影響範囲特定、改善のためのシミュレーションを行う④。データの分析やシミュレーション結果は、Studioを介して可視化（見える化）して出力する⑤。出力結果は、別の業務アプリにつなげる、あるいは現場作業員や生産管理者

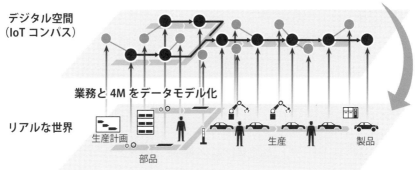

IoT コンパスのコンセプト図

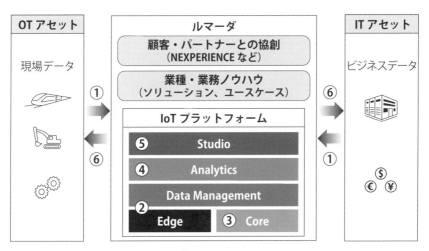

ルマーダのアーキテクチャ図

注）NEXPERIENCEはアイディア創出、仮説検証を円滑に行うための手法、ITツール、空間（物理的な場所）を総称した日立の顧客協創方法論。

出典：「日立製作所の公開資料」を参考に筆者が作成

図表3-1　IoTコンパスのコンセプトとルマーダのアーキテクチャ

第1部　あなたの会社はどんなIoTを目指すのか？　81

に提供することで生産性改善のPDCAなどに活用する⑥。

ルマーダの特徴は、インテリジェント、コンポーザブル、セキュア、フレキシブルの4点だ。インテリジェントは日立の人工知能「Hitachi AI Technology／H」の活用や、実績ある機械学習などのアナリティクス技術を利用することができること。コンポーザブルは日立のコア技術に加えて、オープンソースソフトウェア（OSS：Open Source Software）やサードパーティの技術も幅広く組み合わせて構築することができること。セキュアは接続する機械設備や機器が適正かどうかの認証や蓄積データのセキュリティ管理、アクセス管理などにより高度なセキュリティを提供すること。フレキシブルは現在稼働中の機械設備や機器、さらにIT環境に合わせて、クラウドでもオンプレミスでも柔軟に提供できること。ルマーダはこれらを一括して提供できることを特徴にしている。

【事例2】【富士通】IoT活用サービス基盤「スマーヴィア」

富士通は「ヒューマンセントリックIoT」というコンセプトで、人を中心としたIoTシステムの実現を目指し、流通業界の販売管理や在庫管理、サプライチェーンなどのシステムに蓄積されたデータと、作業員の位置情報やバイタルなどのセンシングデータを連携させたIoT活用サービス基盤「スマーヴィア（SMAVIA）」の販売を開始した。

流通業界の課題の一つはトレンドの移り変わりが速く、廃棄ロスや、機会損失が発生することだ。また材料ベンターと製造拠点、物流倉庫、販売店舗で情報が分断されているので、全体最適の視点で生産計画や在庫の配置計画がたてられないことだ。そのため生産・在庫・売上のデータをリアルタイムで把握し、生産計画や在庫の配置計画の精度を高めたいという要求がある。

課題の二つ目は、深刻な人手不足に悩まされていることだ。このためIoT技術を導入して業務の効率化に取り組んでいるが、活用しきれていない。また現場のセンシングデータと業務システムのデータとを組み合わせて業務をさらに効率化したいが、どのように業務と組み合わせて分析すればよいのかわからない。

これらの課題解決のためにスマーヴィアは、様々なシステムからのデータをスマーヴィア上に統合して、効果的なデータ収集と短期間でのシステム構築を支援する。そして物流倉庫などの現場における人・物・環境などのセンサーデータと組み合わせて、販売や在庫の状況や物流コスト、人の作業効率などを分析するこ

とで、流通業界で課題となっている人手不足への対応や売上の最大化に向けた最適な改善施策へつなげ、競争力強化を実現することを狙っている。

スマーヴィアは、流通在庫の最適化や作業員の能率の可視化するアルゴリズムをAPIとして提供する「FUJITSU IoT Solution SMAVIA プラットフォーム」と、それらのデータをもとに顧客の業務を分析・可視化し、改善を支援するデータ利活用サービスとで構成している。

●まとめ―日立のルマーダに期待

日本のIoTプラットフォームの現状は、GEやシーメンスが代理店や拠点を日本に構築して活動を始めている。その中にあって、日立のみがIoTプラットフォーム「ルマーダ」を開発し、販売している状況だ。

日立の「ルマーダ」のユースケースはすでに500件以上もあるが、公開するユースケースは常時中身を入れ替えて250件前後で運用している（2018年10月時点）。これらのユースケースは日立グループ内での実績も多数あるが、最近は顧客のビジネスに貢献している事例も約半数ほどになり、工場の生産性向上を実現している実例も1割ほどある。これらのユースケースの件数が1年半で倍以上に伸びているのは、市場に受け入れられつつある証だと言える。

GEが製造業で初めて、自社の製品を梃子にしてプラットフォーム事業者になろうとしている。これが成功するかどうかに世界中が注目しているが、そのGEが苦しんでいる。おりしも日立のルマーダは、ガートナーのレポート「Gartner Magic Quadrant for Industrial IoT Platform」（2018/5/11）や、フォレスターリサーチのレポート「Forrester Wave™：Industrial IoTソフトウェアプラットフォーム、Q3 2018」（2018/8/9）でよい評価を得ている。今が、日立にとってチャンスだ。

しかし残念ながら、日立の動きはGEやシーメンスのようにIoTプラットフォーム「ルマーダ」の開発環境を整えて、第三者にルマーダのパートナーになってもらい、ネットワーク効果を増やそうとの動きにはなっていない。大切なことなので繰り返すが、プラットフォームにとって肝心なのは、ユーザーが増えるに従ってユーザーにもたらす価値が増えることだ。つまり自らのインフラを提供して第三者の創作活動の推進に注力する「メーカー型プラットフォーム」になりきれていないのだ。

一般的傾向としてソフトウェア企業は、自社のソフトウェア商品の機能を磨くことに専念し、これぞという機能をたくさん詰め込みがちだ。GEの前CEOの

ジェフ・イメルトは、2020年までにGEをソフトウェア企業のトップ10に育て上げる戦略を精力的に進めていた。そこでGEが採った戦略は、次々とソフトウェアに強い企業に投資を行った。GEがつまずいたのは、パートナーを増やしてネットワーク効果を高める方向に向かわずに、GEの体質である自前主義でやってしまおうとした、つまりオープン化志向が弱かったことだ。そのために投資が過剰になり、かつユーザーの獲得が長期化し、ネットワーク効果を得ることができなかったからではないだろうか。

　日立はソリューション事業を幅広く展開していて、ここに日立の強みがある。日立のルマーダを展開しているのは、このソリューション事業をOT（Operational Technology：制御・運用技術）とITで支えるサービス＆プラットフォームビジネスユニットだ。この部門には先述したソフトウェア企業の体質は強くないが、幅広いマーケット志向の体質なのでルマーダの適用先がどうしても幅広くなり、そのためルマーダのエンジニアを充足し続けねばならない。

　ユースケースからみた現時点のルマーダの日本での適用先は、電力・エネルギーから、鉄道、ビルシステム、産業・流通、ヘルスケア、防衛、社会、金融と幅広く、事業立ち上げ当初としては焦点が広すぎると感じる。ここはひとつ、ルマーダの適用先を日立の昔からの得意事業である産業機器にフォーカスして、日立グループの社内実績と顧客の適用実機の相乗効果があらわれるように進めた方がよいのではないか。

　例えば、製造業などの現場では、IoTへの接続を想定していない機器が大量に稼働しているし、通信プロトコルの種類も多岐にわたる。これらの機器との接続の実績や接続の容易性が現場では求められている。そこで、日立グループの産業機器を製造・販売している会社のルマーダの適用事例を、ドキュメントだけでなくプログラム部品やサンプルコードとして、さらにAIで診断するサンプルデータとして流通するようにする。そうすれば、早期にネットワーク効果を期待できるのではないか。

　それと合わせて、パートナーを増やす戦略に力を注ぐほうがよいと考える。例えば、ルマーダを適用するためのプログラム部品や開発するための環境やツール、さらにサンプルコードや技術的な説明資料などを充実することで、ソフトウェア開発キットを充実する。さらにこれからIoTを導入しようとしている企業から見ると、自社の困っていることを解決する手段や利益の創出の仕組み、その効果を見通すことが、現在のルマーダの公開資料だけからは難しい。もう少しIoT化を検討している企業の立場で、情報の提供を工夫するなどしてほしい。こ

のような環境を準備して、初めてIoTのプラットフォーム事業の入り口に立てると考える。

　日立はGEのIoTプラットフォーム「プレディックス」を開発したGEデジタルのCOOブラット・スラクを2017年秋に引き抜いた。他にもIBMやSAPからも幹部人材を引き抜いている。これらの人材獲得により、日立が大いに羽ばたいてもらいたいし、プラットフォーマーになることを期待する。

　富士通が2018年に入り、スマーヴィアを用いての流通業界向けに特化したIoT活用サービスを始めたのは喜ばしいことだ。これを発展させ、富士通がプラットフォーマーになることを期待する。

6 まとめ―世界の企業が今本気で動いている

● 産業用IoTの国家戦略

　国家を挙げて整然と標準化に突き進むインダストリー4.0にもドイツ人の国民性を感じるが、金脈を目指してカウボーイたちが「われ先に」と競い合っているIICにも、アメリカ人の国民性が強く表れているように感じる。

　ドイツの「インダストリー4.0」の当初の目的は、ドイツの製造業を中国や日本などの脅威から守ることだった。だが現在の目的は、中国や日本とも連携してドイツが市場をリードする役割を担い、ドイツの製造業が勝ち組になることに変わってきている。ドイツが現在も中国や日本、そしてアジア新興国を脅威と感じていることに変わりはない。だがそれ以上に、アメリカの新しいタイプの製造業に危機感を感じている。この危機感がドイツのインダストリー4.0の原動力となっている。

　ドイツのハノーバーで開催される世界最大の国際産業見本市「ハノーバーメッセ2016」の出展企業は約5400社に達した（2016年4月）。その国別出展企業の内訳はドイツが約2400社、中国が約800社、アメリカが約500社に対し、日本企業は48社で、台湾の約80社、韓国の約70社にも及ばなかった。この傾向は「ハノーバーメッセ2018」でも変わらず、日本企業の出展企業は82社でしかなかった。これでは世界での日本の存在感は薄らぐ一方だ。

　幕末に「このままでは日本が列強の餌食となってしまう」という危機感から「明治維新の大業が成った」ように、「このままでは日本の製造業は、現在のIT業界のように搾取の対象となってしまう」くらいの危機感が企業経営者たちに必要なのではないか。

　IoTはすべての産業に展開できる技術だが、最も先行しているのが製造業、中でも自動車産業や機械産業、次いで運輸業界やエネルギー業界が続いている。GMやフォルクスワーゲン、そしてトヨタが自動車の次世代市場として取り組んでいるのが電気自動車であり、自動運転車の実現だ。だがグーグルやアップルは、自動車の自動運転に巨額の開発投資を行い、この市場を支配しようとしている。法的な問題はまだ議論の真最中だが、既にハンドル操作をしなくても自動運転で車が走る動画が、YouTubeなどに多数アップされている。

IoTを牽引しているGEの主力産業は、航空機エンジンなどのアビオニクス事業（航空機に搭載され飛行のために使用される電子機器）だ。GEは自社の強い製品をIoTプラットフォーム「プレディックス」を武器にサービス業に進出し、さらに「プレディックス」でIoTのプラットフォーマーになろうとしている。

　このように個々のグローバル企業がその事業で世界中を席巻しようとするところにアメリカの強みがある。だからドイツは「インダストリー4.0」のベンチマーク相手をIICではなく、GEやグーグル、アップルなどの個別企業に置いている。

　今後、世界の製造業は、ドイツとアメリカ、中国が大きな影響力を持つことになる。日本は現在、自動車産業や機械産業に大きなシェアを持っているが、ドイツとアメリカの動きから目を離さず、変化に対して機敏に行動する必要がある。また当然のことだが、日本には日本人の国民性にあった施策を展開する必要がある。

●プラットフォームの開発競争

　事業のIoT化を推進するには必須のIoTのプラットフォームは、2015年当時、アメリカのGEやIBMが、そしてドイツのボッシュやシーメンスなどの海外メーカーがそれぞれ独自に開発をし、自ら垂直統合戦略に取り組んでいた。一方国内では、東芝、日立、NECが独自にIoTのプラットフォームを開発して垂直統合戦略に取り組もうとしていた。

　それから3年が経過した2018年現在、アメリカではGEやIBMは垂直統合戦略に基づいたソリューション事業を拡大しつつある。加えてマイクロソフトが独自にIoTのプラットフォームを開発してこのソリューション事業に参入している。ドイツではボッシュやシーメンスが独自のIoTのプラットフォームを開発し、このソリューション事業に本格的に取り組んでいる。まるでGEに引きずられるように、世界の名だたる製造業やグローバルIT企業がそれぞれIoTプラットフォームを開発し、そのソリューション事業を各社の柱として拡大しつつある。

　それに対して国内では、東芝とNECが独自のIoTプラットフォーム開発を断念して、GEのIoTプラットフォーム「プレディックス」を利用すると宣言した。この状況は、現在のIT業界と同じで、GE（アメリカ）にIoT事業の制空権を渡したとも言える。

　ただ日立のみが、独自のIoTプラットフォーム「ルマーダ：Lumada」を開発し、2016年から販売を開始している。日立のルマーダは、製造業にとどまらず、電力エネルギー分野や金融・公共・ヘルスケア分野など様々な業種においてIoT

ソリューションを実現し、現在公開しているユースケースだけでも常時250件前後になる。

この状況は、IoTプラットフォームの開発競争が世界的に数社に絞られつつあると見做してよいのだろうか。筆者はそうではなく、現在はまだプラットフォーム戦国時代の様相だと考える。現に、プラットフォームを販売している会社は100社を超している。

たとえるならば、今は戦国時代がはじまったばかりの応仁の乱の後の状況ではなかろうか。「特定の地方（領域）の覇権を握りたい」というプレイヤーはいるが、「天下布武」を掲げて全国制覇する気概のある信長的なプレイヤーはまだ現れていない状況だ。

その根拠は、GEは監視分析技術を軸足に「設備・施設（＝インフラ）の監視分野」のプラットフォームの覇権を目指している。ボッシュは本業の自動車部品半導体から派生したセンサー技術を軸足に「センサーで感知・制御できる分野」のプラットフォームの覇権を目指している。シーメンスは得意とする産業機器だけでなく、工場で使われる他社の工作機械を接続することで工場での覇権を目指している。IBMは、ワトソン（Watson）の文献検索技術を軸足に「膨大な文献検索が求められる分野（医療や法律など）」のプラットフォームの覇権を目指している。マイクロソフトはPCのOS分野を軸足に、「Azure（＝Officeシリーズ＋クラウド）でオフィス事務分野」のプラットフォームの覇権を目指している。アマゾンは膨大なクラウド上の顧客購入履歴データを軸足に、「ネットサービス（Amazon Prime）と、廉価なクラウドサービス（AWS）分野」のプラットフォームの覇権を目指している。

このようにプラットフォーム事業を牽引しようとしているプレイヤーは、自らの強い技術を軸足に「勝てる分野のプラットフォームの覇権」に的を絞って覇権争いをしている。だから、現在はまだプラットフォーム戦国時代だと考える。

● 海外との比較

国際通貨基金（IMF）によると、2016年、製造業は世界で小売業の3倍にもなる75.2兆ドルを生み出している。この製造業の巨大マーケットを狙って、GEがIoTのプラットフォーマーになろうとしている。目下の世界の著名なIoTプラットフォームは、GEのプレディクス、ボッシュのBosch IoT Suite、シーメンスのマインドスフィア、それに日立のルマーダで、いずれも製造事業者が提供している。

GEのプレディクスは航空機や鉄道のエンジン、医療機器や発電・送電機器をはじめとした様々なデバイスからデータを収集・蓄積の上、高度な分析を行い、故障予知や稼働率の最大化、オペレーション効率の最適化などに資する機能を提供する。稼働する分析計サービスは、2016年10月に63種だったものが、2017年6月には120種を超している。

ボッシュのBosch IoT Suiteは、ウェブ接続可能なモノを認識し、データを組織化して交換できる。また、様々なサービスやビジネスモデルの実現が可能になるほか、ビッグデータも分析・処理することができる。損傷の兆候が報告された場合、機器を修理するための予防措置を講じるなど、自律的に決定を下す規則性を保存することもできる。

シーメンスのマインドスフィアは、データ分析および接続機能、開発者、アプリケーション、およびサービスのためのツールを備えたIoTのオペレーティングシステムだ。データを評価して活用し、洞察力を得るのに役立つとともに、最適化を促進し、稼働時間を最大化することができる。

GEやシーメンスの活発な活動と実績に比べて、日立や富士通の動きはまだ周回遅れのように感じる。すでに始まっている日本国内へのGEやシーメンスのプラットフォームの展開は、現在のIT業界と同じでアメリカ（GE）やドイツ（シーメンス、ボッシュ）にIoT事業の制空権を渡して、利益を吸い上げられることになりかねない。

日本発のIoTプラットフォーム「ルマーダ」を開発・販売している日立が、製造業向けのプラットフォーマーになることを期待したい。また富士通がIoT活用サービス「スマーヴィア」を発展させ、流通業向けのプラットフォーマーになることを期待する。

日本は中国をはじめとする東アジアに多数の製造業が進出している。IoTプラットフォーム事業のアメリカやヨーロッパへの展開は難しいとしても、この東アジアのマーケットはしっかり押さえなくてはならないと考える。日本企業が国産のIoTプラットフォームを採用することを日本国としても積極的に後押ししなければ、日本にとって大切な東アジアもアメリカやドイツのマーケットになってしまう。

COLUMN

プラットフォームとは

　プラットフォーム（platform）とは、周辺よりも高くなった水平で平らな場所をさす言葉だった。私たちがプラットフォームと聞いて思い浮かべるものは、駅のホームや演劇の舞台などだろう。
　それが転じて、技術的な土台となる部分を指すようになった。例えば、自動車メーカーでは一種類のシャーシから複数の車種展開を行う部分をプラットフォームと呼んでいる。また企業内の複数の製品や製品群に共通に用いられる基盤技術を指す言葉としても使うようになった。
　さらにウィンドウズやインテル系パソコンのように、他社製品にとっても前提となるような普及した基盤技術のことを指すなどの意で用いられるようになった。最近はプラットフォームの概念がさらに広がり、サービスやソリューションについてもプラットフォームと呼ぶようになった。
　プラットフォーマーとは、第三者がビジネスを行うための基盤（プラットフォーム）として利用するソフトウェアやアプリケーション、機器、サービス、コンテンツなどを構築・提供・運営する市場占有率の高い事業者を指す言葉で、これは和製英語だ。
　プラットフォーマーの事例としては、家庭用ゲームならば任天堂やソニー・コンピューターエンタテインメントで、パソコン向けのOSならばマイクロソフト、スマートフォン向けのOSならばアップルやグーグルなどをプラットフォーマーと呼んでいる。一番の成功例はアップルやグーグル、アマゾンで、インターフェースを公開することで他社を巻き込み、社会的なインフラの位置づけを獲得して成功している。
　この他者を次々に巻き込んでいくのが、プラットフォーム事業の最大の成功要因である。例えばアップルの場合はアップルストア（App Store）のアプリケーション数は220万本にもなる。グーグルのグーグルペイ（Google Play）ストアのアプリケーション数も同様に200万本台になっている。これらのアプリケーションはアップルやグーグルが開発したのではなく、第三者が開発したものだ。アップルやグーグルは第三者が開発したアプリケーションの品質をある水準以上に保つことをしているだけだ。

このようなプラットフォームを確立するには、目的の製品なりサービスに対して「半完成品であること」、そしてその「インターフェースを公開すること」、さらに「アプリケーションの開発を容易にする開発環境を提供すること」だ。このようにして第三者がプラットフォームを使いやすくして、アプリケーションの数を増す戦略を採るのである。

アプリケーション数が増えた後に、プラットフォーマーのアップルやグーグルがやったことは、アプリケーションを欲している利用者とアプリケーション開発者とを効率よくマッチングさせることだった。この仕組みでインターネットのプラットフォーマーは巨大な利益を生み出している。

交換型プラットフォーマーであるアマゾンやウーバー、エアビーアンドビーなどのマーケットプレイスは消費者と提供者のつながりと両者間の価値交換を円滑化する（図表3-2参照）ことで、またフェイスブックやツイッターなどのSNSは、人と人との円滑な交流を作りだすことで価値を生み出している。

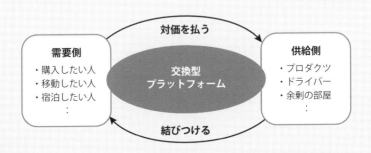

図表3-2　交換型プラットフォームの取引

第2部

あなたの会社の
IoT構築の進め方は

第1部では、「あなたの会社はどんなIoTを目指すのか？」を明らかにするために、日本の生産現場でのIoT活用ステージについて述べ、IoTを単なる技術と見做してはならないこと。事業のIoT化の目的は、「モノ」から「コト」への転換、すなわち「製品の販売」から「サービスの提供」への転換であり、無駄の一切ない、高効率な工場の実現であることを示した。

　そして、日本企業のIoT化の事例を分野ごとに紹介し、日本企業のIoTの活用が着々と進んでいることを示した。しかし、事業のIoT化によって経営的にはまだ大きな成果を得るところには至っていないこと。その原因がサイバー攻撃に対処するセキュリティ問題であり、基幹システムを含めたコード統一の問題であることを示した。

　最後にIoTプラットフォームビジネスへの海外企業と日本企業の取り組みと、現在、唯一独自のIoTプラットフォームを開発・販売している日立のルマーダを紹介した。今後、日立や富士通が頑張らねば、日本企業が国産のIoTプラットフォームを採用しなければ、日本にとって大切な東アジアのマーケットも押さえられなくなると訴えた。

　第2部では「あなたの会社のIoT構築の進め方」を第4章から第7章で明らかにする。

　第4章では、第1部で経営的な成果が出ていない原因として、サイバー攻撃に対するセキュリティ問題やコード統一の問題であることを示したが、その背景がどこにあるのかを明確にする。具体的にはIoT化を阻む6つの壁の存在とその壁の難易度を示し、その上で特に難易度の高い壁を明らかにし、それを乗り越えてIoTを構築する手順について説明する。第5章以降では6つの壁のうち特に難易度が高い壁の打開策を詳述する。

　第5章では、IoT化を阻む6つの壁の最初の壁であるシステム環境の壁について明らかにする。システム環境の整備はセキュリティを除けば容易に対策が可能な壁であるが、インターネットやIoTの登場でセキュリティの考え方が大きく変化しつつあり、セキュリティへの対応は難易度が高い。そこで、セキュリティへの考え方の変化とセキュリティ問題の実情を示し、サイバー攻撃をただ恐れるのではなく、実社会と同じように「万が一の事態への備える」解決策を示す。

　第6章では、IoT化を推進するにあたって最大の壁として立ちはだかっているコード統一問題の実情とその技術的な打開策を示す。

　第7章では、IoT化を阻む6つの壁の4番目の壁である、会社・組織の壁を乗り越えるため、コード統一問題などの巨大プロジェクトでの組織上の課題を明らかにし、この壁の打開には経営トップの巻き込みや経営的視点に立った取り組みが大切なことを示す。

第4章
IoTに立ちはだかる6つの壁と
IoT構築の手順

1　IoT化を阻む6つの壁

●IoTを阻害する6つの壁

　IoTとAIとビッグデータとの関係を俯瞰すると、IoTで様々なデータを収集し、そのデータを使うことでAIが進化する。進化したAIを実装したIoTデバイスやネットワークが普及することで、さらに有用なデータを集めることができ、品質の高いビッグデータとなる。これがさらに、IoTシステムを高度にし、同時にAIの進化も促すという好循環が生まれる。

　この果実を得るためには、事業のIoT化の実現を阻害する壁を取り除かねばならない。その壁は6つあると筆者は考え、このことを前著『俯瞰図から見えるIoTで激変する日本型製造業ビジネスモデル』で示した（図表4-1参照）。

　企業がIoT化によって所定の目的を達成するには、図表4-1に示す6つの壁を乗り越えなくてはならない。この6つの壁を簡単に説明する。

　① システム環境の壁：IoT化の前提としてIT基盤が整備されている必要がある。
　② データ定義の壁：収集した稼働データを分析するには、製品の過去からのデータのトレーサビリティが必要である。
　③ データ連携の壁：データ連携には、プロトコル（データ型、通信手段）を標準化する壁と、企業内でコードを統一しなくてはならない壁の二つある。一つ目の壁は、センサーから収集したデータがアナログデータなら活用するためにデジタル化しなくてはならない。デジタル化されていてもデータ構造や採取時間の周期が違えば分析できないのでデータをクレンジ

ングしなくてはならない。同一の生産拠点（工場）内でも異なるシステム間のプロトコル（データ型、通信手段）が合わない場合は標準化しなくてはならない。二つ目の壁は、収集した稼働データを分析するには、企業の基幹システムなどの業務システム間でコードが統一されていなくてはならない。
④ 会社・組織の壁：機器からデータを収集し、分析・活用するためには、自社内の組織が連携して取り組む仕組みが必要である。
⑤ 技術・スキルの壁：高いスキルの技術者や職人に依存している判断業務を見える化し、業務システムへの組み込みが必要である。
⑥ 運用上の壁：稼働した業務システムの分析や改修を継続的に行うための部署が必要である。

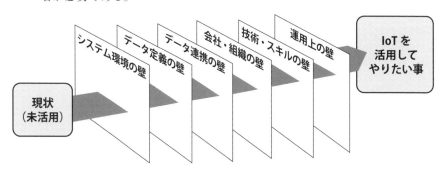

出典：「株式会社日立コンサルティングの提案資料」を参考に筆者が作成

図表4-1　IoT化時の6つの壁

●6つの壁を乗り越える難度

図表4-1に示した6つの壁を乗り越える難度はおおよそ次の通りである。
① のシステム環境の壁は、セキュリティの問題を除けば特定の部門で技術的な対処で可能なため、乗り越えるのが容易な壁である。難関な壁であるセキュリティの問題と解決策については第5章で詳述する。
② のデータ定義の壁は、特定の部門で技術的な対処で可能なため、乗り越えるのが容易な壁である。だからIoT化を進めているほとんどの企業が、この壁は乗り越えている。
③ のデータ連携の壁には二つの壁がある。一つ目のプロトコル（データ型、通信手段）を標準化する壁は、①や②の壁と同様に特定の部門から始めることができるが、組織間の調整が必要な場合もあるので、やや難関な壁で

ある。

　二つ目の企業内でのコード統一の壁は、一見すると企業の情報システム部門が頑張れば達成できると思われがちだが、この壁を乗り越えるにはコストも嵩むし長期間かかるので経営視点での対処が必要になる。さらに企業内の部門だけでなく、関連企業との調整も必要なためほとんどの企業がこの壁を乗り越えることができず困っているほど超難関な壁だ。この超難関な壁の問題と解決策については第6章で詳述する。

④の会社・組織の壁は、③の企業内のコード統一が達成できた暁には、組織のトップからの指示で比較的簡単に乗り越えることができるが、トップを巻き込まなくてはならないという意味で難関な壁だ。この難関な壁の解決策については第7章で詳述する。

⑤の技術・スキルの壁は、①から④の壁を乗り越えIoTを構築する過程で、特定の技術者や職人に依存している判断業務の見える化が自ずと達成できるので難関な壁とはならない。少子高齢化による職人の減少は日本の技術を危うくするものであるが、IoT化により技術者や職人の業務負荷を軽減できる。また、技術者や職人不足によるデータの改ざんなどの問題も解決できる。

⑥の運用上の壁は、IoTが構築され運用が開始されれば、そこから得られる情報は経営の基盤となり、データの分析やシステムの改修を行う運用部門は経営的視点からも企業の発展に無くてはならない部署となる。運用費用などの問題はあるが、難関な壁とはならない。

　つまり、③のコード統一の壁以外の壁は、企業の特定の部門が数週間から数カ月で、ある程度解決できるのに対し、③のコード統一の壁を乗り越えるためには、すべての業務システムの改修コストや長期の運用制限コストなどの経営視点からの対応に加え、関連企業を含めた組織間の協力を同時に得なければ解決できない壁である。そのため、企業のあらゆる部門が協力して数年もの歳月をかけて取り組まねば、この壁を乗り越えることはできない。そのための対策に必要な資金も他の壁に比べてけた違いに大きい。だからコード統一の壁を乗り越えるには、経営者の積極的な関与がなければできない。

2 目指すIoT構築の手順

●IoTの効果の早期刈り取りは難しい

　IoT化を進める際に気をつけねばならないのは、早期にIoT活用の効果を刈取るのは難しいということだ。我が国のIoTに対する取り組みで先行事例として知られているコマツの「コムトラックス（KOMTRAX）」でも、その始まりは1998年だった。それがコムトラックスとしてコマツの機械に標準装備されるようになったのは2001年になってからで、それが成果に結びついたのは、2004年に中国に展開されてからだ。

　そのほかの事例でも、効果を生み出すまでにはある程度の時間がかかっている。その理由の一つ目は、センサーなどからのデータ収集を開始しても、そのままでは直に役立たないことだ。まず、機械設備から得た情報に対して、"それがどういった情報なのか"を意味づける必要がある。そのためにはデータの蓄積が必要なので、ある程度の時間がかかる。二つ目は、センサーからのデータと既存の情報システムのデータをフル活用する環境ができていないことだ。

　データ（情報）は相互に連携することで価値が生まれる。単なるデータがある特定の目的とつながりを持ったとき、また他のデータや知識と組み合わされたときに、情報として大きな価値を持つ。IoTを活用してビジネスモデルの革新を実現するには、工作機械や生産ラインや納入した商品のセンサーから得られるデータと、工作機械や生産ライン、製品のメンテナンス履歴、クレームや品質の情報、さらに顧客情報などの業務データ（各種マスターデータ）と関係付けた分析が必要になる。

　これらのデータ連携が容易にできるIoTの活用基盤を整えるには時間がかかる。このことを考慮してプロジェクト推進のアプローチを考えねばならない。そこでまずはデータを収集し分析して意味づけをするのにかかる期間に、データを活用する既存の業務システムの改修に取り組み、データの整合性を図るのが賢明である。

　経営層の中には、「こんな手間とコストのかかることをしなくても、ERP（基幹システム）やMES（製造実行システム）に蓄積している情報を使えば何とかなるだろう」と考える人もいるだろう。しかし、既存のERPシステムは原価管

理が目的なので、蓄積しているデータは原価を把握することをベースにしている。同様にMESは進捗管理を目的としたデータを蓄積している。したがって、機械設備の状態をデジタル化して把握しようとするレベルからみると管理粒度が粗くて、これらのデータの状態のままではIoT活用の観点からはほとんど使えないのだ。

　だから、新たにデータの蓄積から始めなくてはならないので、ある程度のデータ蓄積の期間を見込まねばならない。

●IoTプロジェクト組織の設立

　IoTを活用して業務改善を目指すプロジェクトは、企画、営業、設計、生産技術、品証、情報システムなど、全社を巻き込まざるを得ない。しかし、日本企業は組織間の連携が芳しくないことが珍しくない。この縦割りのままプロジェクトを推進すれば、意識統一を行うことが難しいので、プロジェクトが途中で空中分解することは必至である。

　だから全社横断の組織を立上げてから始めるのが望ましい。最初はスモールスタートして徐々に成果を上げ、最終的に全社横断のプロジェクト組織にするとよい。注意しなくてはならないのは、スモールスタートであっても、この組織には予算と指揮の権限を付与しなくてはならないことだ。

　忘れてならない重要なことは、IoTを活用する目的はセンサーを使うことでも、センサーでデータを集めることでも、集めたデータを分析することでもない。IoTを活用する目的は企業として、集めたデータの分析結果から顧客が喜ぶ提案をすること。そのデータを使って新たなサービスを開発すること。常に進化し続ける持続力を維持できること。顧客にモノやサービスを届けることのできる固有の組織的な強み、すなわち組織能力を整備する。このことをこのプロジェクトの立ち上げ時に、明確に文書化しておくことだ。

●IoT化のスケジュール

　IoT技術を用いてセンサーなどからのデータ収集し、そのデータに意味づけをしている期間は、直接的な成果をもたらすことは無い。しかもIoTを活用して成果を具体化するまでには、時間と労力がかかる。

　一方、経営層を説得するには、長期と短期のメリットを提案しなくては、長期にわたるプロジェクト開始の了解を得ることは難しい。したがって、IoTの活用基盤を整えるために必要なコード統一プロジェクトの業務システムの改善によ

り、業務の効率化を高めてコストを削減するようにするとよい。

そのためには、IoTの導入・展開のステップと計画を定義し、それが業務システムの改善計画と合致するように調整した計画（ケジュール）を設計・立案し、実際にデータが蓄積されてきた段階でIoTデータの活用がスムーズに行われ、目標とするIoTの効果を刈取りできるよう計画する。このIoTアプローチの考え方を示すスケジュールを**図表4-2**に示す。

IoTを活用して製品のサービス化を目指す場合は、まず納入製品の稼働データの蓄積とその意味付け、さらに顧客の運用ノウハウの習得から始めなくてはならない。そしてこれには時間がかかる。これらがある程度できて初めて、顧客が求める自社製品のサービスは何かを探ることができる（図表4-2の上段）。

工場の生産性向上やスマート工場を目指す場合は、図表1-6に示したIoTの活用ステージに沿って、まず工場単体での機械設備の見える化、予兆検知・異常診

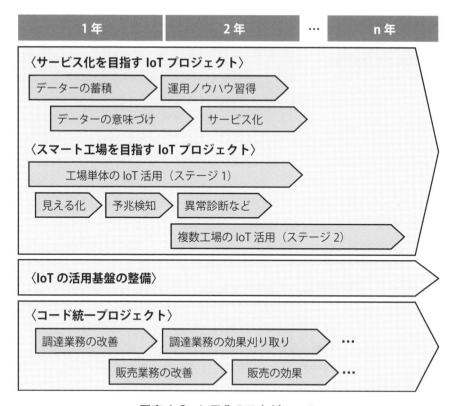

図表4-2　IoT化のスケジュール

断、自動制御などから始め、順にステージ2、ステージ3と拡張する（図表4-2の中段）。

どちらの場合も、目的の効果を刈り取るまでには時間がかかるので、その間にIoT活用基盤の構築とコード統一プロジェクト、業務改善プロジェクトを次々と立ち上げるのだ（図表4-2の下段）。

図表4-2に示したスケジュールは概念を伝えるものなので、読者は自社に合致したスケジュールを設計しなければならない。これは簡単なことではないが、部門ごとに目指すゴールを設定し、ゴールまでの道筋が見えるようにすることで、組織が一枚岩となってプロジェクトを着実に進めていくことができるようになる。

このような長期の計画の効果は、経営者には「絵に描いた餅」と捉えられやすいが、段階的に計画してその都度確実に効果を出すことで賛同を得るようにするとよい。

● パートナーの選定

実際にIoT化に取り掛かろうとすると色々と戸惑うことがある。もっとも身近なものは、使われている言葉だ。IT業界では次々と新しい言葉がでてきて、それがわからなくて困った経験を多くの方がお持ちだろう。IT業界で育ってきた人たちも、IoTで使われている言葉がわからないで戸惑っている方が多い。それとIoT化の検討をするパートナーはどこにしたらよいのかわからないという話も多い。付き合いのあるITベンダーに頼むと、想定よりも高い見積もりを提示されたなどの話を聞く。

ひとつの方法はITベンダーの技術者ではなく、実際にIoTを活用している先行企業の話をまず聞くことだ。そして、どこで儲けようとしているのか、どこに隘路があったのか、パートナーはどこがよかったのかなどを聞いて回ることだ。その上で、自社はどこで稼ぐことができるのかを検討し、パートナー候補の2、3社に相談し、自社の業務の言葉が通じるパートナーを選ぶと比較的間違いが少ないだろう。

それから、社内チームと選んだパートナーと一緒に、IoT活用について学習する時間を設ける。この過程を通して、互いに会話がスムーズにいくようになり、IoTをどのように活用すればよいかが見えてくる。見えてこなければ、パートナーを選び間違えたか、自社のメンバーの人選を間違えたのだ。だから、メンバーを交替してやり直すべきだ。読者は「なんと遠回りなことをするのか」と思

われるだろうが、新しい技術をいち早くものにしようとする場合は、このような手順を踏む方が早道である場合が多い。

　そしていよいよ実現性の検討に入る。今なら、IoT 活用の先行事例の調査や、技術動向を把握するのも比較的容易である。ここでもう一度、パートナーの選定を検討するとよい。学習段階のパートナーと IoT を用いて新たなシステムを構築する際のパートナーは変えた方がよい場合も往々にしてある。馴染みの知恵を持っているパートナーを加えたほうがよい場合も結構ある。何事にも得意不得意があるからだ。

第5章
システム環境を整える
セキュリティの問題とその解決策

　IoTの普及に伴い、ネットワークにつながるIoTデバイスの数が飛躍的に増加している。つながる対象は情報機器のみならず、自動車や航空向け機器、医療機器などの人命にかかわるもの、家電や産業機器、さらには発電所や軍事・宇宙のように社会に甚大な影響を及ぼす可能性のあるものなど、数だけでなく多様性も増している。

　これらIoTシステムに接続されるデバイス数は、2016年時点で173億台であり、2020年には300億台を超える（総務省の「平成29年版 情報通信白書」）。IoTシステムはつながるモノの数が飛躍的に増加し、既存のいろいろなITシステムとも接続するので、これまでとは比べ物にならないほど複雑なネットワークシステムになる。

　そして、複雑になるだけでなく、人々の生活や経済活動に影響を及ぼす重要インフラにもIoTが適用されるので、IoTシステムへのサイバー攻撃による被害は金銭の問題だけではなく、国の防衛や人命にかかわる大きな脅威となっている。そのためセキュリティ対策への関心は高まる一方だ。

　情報通信研究機構（NICT: National Institute of Information and Communications Technology）によれば、2017年には各コンピューター宛てにサイバー攻撃の通信が届いている。今や観測される攻撃の半数以上がIoTデバイスを狙ったものだという。

　例えば、あるIoTデバイスがマルウェアに感染すると、そこを起点に他のIoTデバイスにも感染が拡散し、最終的には本来守られるべき重要インフラまでが脅威にさらされる。実際に過去のセキュリティインシデント事例を見ると、IP監視カメラや重要インフラにつなげた作業用パソコンなどの脆弱性を狙って外部からサイバー攻撃をかけ、そこを起点に重要インフラを異常動作させるという事例が発生している。この事例については後述する。

　このためIoTシステムの構築を進めるためには、接続するIoTデバイスそのも

ののセキュリティ（膨大な数のIoTデバイスの一つひとつの安全性の確保）、それらを相互につなぐネットワークのセキュリティ（IoTデバイスを制御し、ネットワークと接続するソフトウェア群の品質の確保）、それとIoTシステム全体のセキュリティの確保が大きな課題になる。

そこで本章では、まず情報セキュリティとは何か、インターネットやIoTの登場でセキュリティの何が変わったのか、セキュリティ対策の考え方、そして最後に、セキュリティ耐性向上に向けて何をすればよいのか、その際のポイントは何かについて述べる。

ここで本題に入る前に、ぜひお願いしたい重要なことがある。システムエンジニアの世界は専門が細かく分かれており、セキュリティ分野はIT業界の中でも、稼ぎ頭のSI（システムインテグレーション）の技術者とは異なり、傍流に位置づけられがちだ。さらにここから先は専門用語・概念が頻出するため、読者がIT管掌経営者（CIO）やIT部門のトップであっても読み飛ばされがちだが、我慢して試しにこの第5章を一通り読み通していただきたい。ここで私がお伝えする警告が誇張ではないことが、きっとおわかりいただけるはずだ。

情報セキュリティとは何か

　IoTに関係するセキュリティには、情報セキュリティ、コンピューターセキュリティ、サイバーセキュリティ、ネットワークセキュリティなど多数ある。これらは何が違うのか。一つひとつ見ていこう。

● **情報セキュリティ**

　情報セキュリティ（information security）は、広い意味で情報資源を守るすべての面に関係している。この情報セキュリティはJIS Q 27002（ISO/IEC 27002）によって定義されて、情報の機密性、完全性、可用性を維持することが情報セキュリティだとされている。

　機密性（confidentiality）は、情報へのアクセスを認められた者だけが、その情報にアクセスできる状態を確保すること。

　完全性（integrity）は、情報が破壊、改ざん、または消去されていない状態を確保すること。

　可用性（availability）は、情報へのアクセスを認められた者が必要時に中断することなく、情報及び関連資産にアクセスできる状態を確保することだとある。

　さらにセキュリティの実態として、真正性、責任追跡性、否認防止および信頼性のような特性を維持することを含めて使われる場合もある。

　真正性（authenticity）は情報システムの利用者が確実に本人であることを確認し、なりすましを防止すること。否認防止（non-repudiation）はある活動または事象が起きたことを、後になって否認されないように証明する能力のこと。信頼性（reliability）は意図した動作及び結果に一致する特性である。

　情報セキュリティのこれらの概念は、ISO/IEC JTC 1/SC 27が1996年と2006年に加えられたが、これら「真正性、責任追跡性、否認防止および信頼性」の4つの特性を維持することを含めてもよいと定義している。したがってJISに従う限り、情報セキュリティの特性には、これら4つの特性を含めなくてもよいことになっている。

● **サイバーセキュリティ**

　サイバーセキュリティは2014年11月に成立した「サイバーセキュリティ基本

法」に定義がある。要約すると、コンピューターへの不正侵入、データの改ざんや破壊、情報漏洩、コンピューターウイルスの感染などがなされないよう、コンピューターやコンピューターネットワークの安全を確保するITの手法にフォーカスして、情報の機密性・完全性・可用性を維持する、とされている。

サイバーセキュリティと情報セキュリティの関係は、国際標準化機構（ISO）が発行するサイバーセキュリティのためのガイドライン「ISO/IEC 27032」によると、サイバーセキュリティは情報セキュリティの一部で、情報セキュリティはほかのセキュリティを包含する概念と位置付けられている。

●コンピューターセキュリティ

コンピューターセキュリティ（computer security）は、情報セキュリティの一部で、コンピューターシステムの誤用および不正利用（不正アクセス）などから仕組み全般のことを指す。また、ハードウェア、ソフトウェア、データ、ネットワークなどを守る意味も含み、かつ自然災害といったあらゆる災害からコンピューターを守るといった意味まで含む場合がある。

不正な利用には、第三者による秘密情報へのアクセス、許可されていない操作の実行、ネットを介した詐欺（架空請求、ワンクリック詐欺など）が含まれる。また、コンピューターセキュリティはコンピューターの安全性を保つための仕組みや技術を指すのにも用いられている。

情報セキュリティの歴史はコンピューター以前にまでさかのぼるが、コンピューターが普及するとセンシティブな情報がコンピューターで扱われるようになり、コンピューターセキュリティが重要になった。

さらにインターネットの20世紀末の普及はコンピューターセキュリティを非常に重要なものにしたので、コンピューター関連の文脈では、コンピューターセキュリティを単にセキュリティと呼んでいる場合がある。

●ネットワークセキュリティ

ネットワークセキュリティ（network security）は、情報資産をコンピューターネットワークや通信回線を介して試みられる攻撃や不正利用から保護し、安全に運用するための施策のことをいう。つまり、ネットワークセキュリティは組織の境界線における防御の提供と理解してよい。

以上のように情報セキュリティ、コンピューターセキュリティ、サイバーセ

キュリティ、ネットワークセキュリティは、それぞれの立場から情報資産を守ることや、誤用や悪用から情報が破壊、改ざん、または消去されないようにすること、情報へのアクセスを認められた者だけが必要時に情報にアクセスできるようにすることを定義している。

　これらのセキュリティの関係について、国際標準化機構（ISO）が発行するサイバーセキュリティのためのガイドライン「ISO/IEC 27032」が図で示している（**図表5−1**参照）。これによると、サイバーセキュリティは情報セキュリティの一部で、情報セキュリティはほかのセキュリティを包含する概念との位置付けだ。しかし、事業のセキュリティを守る立場としては、情報セキュリティの考えに基づいて、サイバーセキュリティの対策を実行するのがよいと考える。したがって、以降はサイバーセキュリティを中心に据えて記述する。

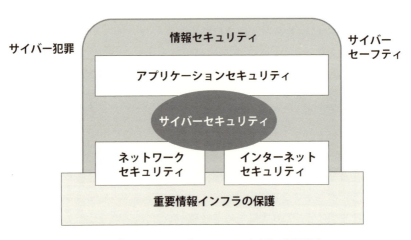

出典：ガイドライン「ISO/IEC 27032」を基に筆者が作成

図表5-1　情報セキュリティとサイバーセキュリティの関係

2　セキュリティインシデント

●インターネットの登場

　インターネットのパケット通信は、電話網のような回線交換のシステムと違い中継点が確定されないため、どこの誰かわからない者に盗聴される可能性がある。つまり会社の機密情報や個人の秘匿しておきたい情報が、サイバー攻撃を受けてどこの誰ともわからない者から盗まれる可能性が増大した。

　このことが、インターネットが普及するにつれ、コンピューターセキュリティが非常に重要になり、次第にクローズアップされるようになった要因だ。このようにセキュリティに対する認識がインターネットの登場で劇的に変わった。

●セキュリティインシデントの増加

　インターネットでは、日々様々なセキュリティに関するインシデント（事件・事故）が発生し続けている。パソコンやスマートフォンをターゲットとしたウイルスがパソコンやスマートフォンを不正使用する。あるいはそれを起点としサーバーへ不正アクセスするなどで、その一部がニュースとなって世間を騒がしている。

　これらのセキュリティインシデントが多発したことで「セキュリティが重要だ」という認識が広まり、コンピューターセキュリティとはこのような行為から保安することを指すようになった。

　国立研究開発法人・情報通信研究機構は、日本を中心とした30万カ所にハニーポットなどを配置してサイバー攻撃の調査をしている。その情報通信研究機構によると、2017年に確認したサイバー攻撃は前年から17%増の1504億件に上り、このうち55%はインターネットに接続されているIoT機器を狙ったものだったと言う。

　IPA（独立行政法人情報処理推進機構）は、2017年に発生した社会的に影響が大きかったと考えられる情報セキュリティにおける事案から影響が深刻となる「脅威」のトップテンを選出し、「情報セキュリティ10大脅威 2018」を2018年4月に発表した（**図表5-2参照**）。

　また、トレンドマイクロ「2017年国内サイバー犯罪動向」によれば、2017年

の企業に対するサイバー攻撃の上位は、ランサムウェア「ワナクライ」と公開サーバーへの攻撃による情報漏えい、ビジネスメール詐欺で、これらが世界的に増加傾向にあると言う。

筆者もこの3つは、攻撃する方は比較的簡単だが、防御するのがとても難しいので今後も増加すると思う。私たちはこの事実にどう対処すればよいのか。次にその攻撃の具体例を見ていこう。

■「情報セキュリティ10大脅威2018」　　　　　　　NEW：初めてランクインした脅威

昨年順位	「個人」の10大脅威	順位	「組織」の10大脅威	昨年順位
1位	インターネットバンキングやクレジットカード情報の不正利用	1位	標的型攻撃による情報流出	1位
2位	ランサムウエアによる被害	2位	ランサムウエアによる被害	2位
7位	ネット上の誹謗・中傷	3位	ビジネスメール詐欺 NEW	ランク外
3位	スマートフォンやスマートフォンアプリを狙った攻撃の可能性	4位	脆弱性対策情報の公開に伴い公知となる脆弱性の悪用増加	ランク外
4位	ウエブサービスへの不正ログイン	5位	セキュリティ人材の不足 NEW	ランク外
6位	ウエブサービスからの個人情報の窃取	6位	ウエブサービスからの個人情報の窃取	3位
8位	情報モラル欠如に伴う犯罪の低年齢化	7位	IoT機器の脆弱性の顕在化	8位
5位	ワンクリック請求等の不当請求	8位	内部不正による情報漏えい	5位
10位	IoT機器の不適切な管理	9位	サービス妨害攻撃によるサービスの停止	4位
ランク外	偽警告 NEW	10位	犯罪のビジネス化（アンダーグラウンドサービス）	9位

出典：IPA「情報セキュリティ10大脅威2018」2018年4月より

図表5-2　情報セキュリティの10大脅威

● 簡単なDoS攻撃

DoS攻撃（Denial of Service attack）はサイバー攻撃の中でも歴史が長く、過去多くの事件を引き起こしている。このDoS攻撃を受けるとトラフィックが異常に上昇するため、提供しているサービスが遅延する、もしくは停止する事態になる。

だから攻撃対象に警戒を促す程度のDoS攻撃を仕掛け、中止を条件に金銭等を要求する行為が横行している。強固なセキュリティ対策を実施をしていない中小企業を狙って行われる傾向がある。DoS攻撃やトロイの木馬などのマルウェアを使って複数のマシンを乗っ取った上で攻撃を仕掛けるDDoS攻撃（Distributed Denial of Service attack）は、簡単に行えることから現在でも多用されている。

DDoS攻撃の代表的な被害事例としては、イギリス政府機関のサーバーが1週間ダウンしたサーバー停止事件（1994年）。日本の首相官邸及び内閣のウェブサイトが一時アクセス不可になった尖閣諸島灯台接収事件（2005年）。イスラエル政府や銀行を中心に約600にも及ぶウェブサイトがダウンしたパレスチナ爆撃抗議事件（2012年）。「日本のイルカ漁に対する抗議活動の一環」で、アノニマスが日産自動車のWebサイトを6日間の停止させた事件（2016年）などがある。

IoT関係では、2016年にIoTデバイス（IP監視カメラなど）を踏み台としたDDoS攻撃事件が発生した。具体例としては、アメリカのセキュリティ情報サイトの「Krebs on Security」が史上最大級のDDoS攻撃を受けダウンした（2016年9月）。その数日後、フランスのインターネット企業「OVH」も大規模なDDoS攻撃を受けた。その後、アフリカ西部リベリアのインフラを狙った攻撃が仕掛けられ、国家的な障害が発生した。このIoTデバイスを踏み台としたDDoS攻撃については、次節「IoTシステムの代表的なセキュリティインシデント」で詳述する。

これらのDDoS攻撃は、Webアプリケーションとして導入していた「Apache Struts2」の脆弱性を突いたものだった。

●IoTでつながる制御システムへのサイバー攻撃

これまで発電所や工場などの生産設備などは物理的に隔離されたネットワークで管理されていたし、その制御システムは独自の規格や技術を使っていた。さらに、組織内の情報システムからも独立した環境で運用されていたため、外部からのサイバー攻撃は事実上不可能だと思われていた。

だが衝撃的な事件が発生した。2011年11月、「アメリカのイリノイ州・テキサス州の水道システムがロシアから攻撃された」と報道されたのだ。また、2012年6月には、「Stuxnetによってイランの核開発は約3年の遅延を余儀なくされた。このStuxnetの開発にアメリカ政府が関与し、オバマ大統領が攻撃命令を下した」とニューヨークタイムズ紙が報じた。

Stuxnetによる制御システムへの攻撃は、USBメモリなどを経由してウイルスを感染させる方式だった。具体的には、Windowsパソコンに侵入したウイルスは制御システムのネットワークを経由して感染を拡大し、Windowsベースの制御システムを乗っ取り、シーメンス製のソフトウェア（SIMATIC STEP7）を悪用してPLC（Programmable Logic Controller：機械制御機器）に悪質なコードを書き込んだ。ウランの濃縮に必要な超高速で動作する周波数変換ドラムに、悪

質なコードを書き込まれたPLCから何カ月にもわたって不正な命令を送信して、出力周波数を短時間のうちに変化させた。これにより制御システムの通常動作が妨害され、イランの核開発は約3年の遅延を余儀なくされたという。

だが重要インフラのネットワークは外部と隔離することでセキュリティを確保してきたので、この事件が明るみに出た後でもこれは特殊な例と認識され、工場や設備のセキュリティ対策をするという行動には至らなかった。しかし、IoTシステムが普及するにつれて状況は一変しつつある。

あらゆるモノ（IoTデバイス）からのデータを収集するIoTシステムは、これまで見えなかった事象を見えるようにして新たな気付きを得たり、集めたデータを解析して新たな知恵を得ることで、コストの低減や売り上げ拡大などの効果が期待されている。

そのために、それまで外部のネットワークとは独立して運転されていた制御システムが、IoTを用いた遠隔保守や他のサービスとの連動のため、イントラネット（企業内ネットワーク）との接続が求められ、さらには統合されるようになった。

発電所や生産設備はより効率的に運用するために組織内の情報システムとつながりだした。さらに多くの設備や機器が、利便性や生産性の向上などを目的として、様々な形でインターネットや他のネットワークと接続されるようになってきた。

ネットワークで繋がっている以上、そこが新たな侵入経路となってサイバー攻撃を受ける可能性が増える。またIoTシステムの普及と相まって、これまで独自性の高い特殊な仕様で開発されてきた制御システムが、様々なネットワークやデバイスと相互接続できるようにするために汎用化が進んでいる。

これらがサイバー攻撃の発生を助長する要因となり、パソコンやスマホと同じようなセキュリティインシデントが今後は増加するだろう。

● IoTシステムの代表的なセキュリティインシデント

IoTシステムの特徴は、ネットワークに接続されているIoTデバイスの数とシステムのライフサイクルの長さ（一般に10年以上）、それに人手による監視の行き届きにくさという、これまでのITシステムにはなかったセキュリティ対策が必要になる。また生産設備はいったん稼働すると停止させられない。重要インフラの場合はインシデントが発生しても、システムを停止させることが困難な場合

が多い。このため、現場ではインシデントに気づきにくい。

IPAが発表した「情報セキュリティ10大脅威」(図表5-2参照)では、IoTに関するセキュリティインシデントは2件で、「組織」で7位と「個人」で10位だが、今後「IoTデバイスの脆弱性の顕在化」と「IoTデバイスの不適切な管理」によるセキュリティインシデントは増加するだろう。現時点でIoTシステムにかかわる代表的なセキュリティインシデントは以下のとおりである。

(1) IoTデバイスを中心とした不正アクセス事例の急増

2016年よりマルウェアの一種であるMirai(ミライ、日本語の未来に由来する)やその亜種に感染したIoTデバイスから大規模のDDoS攻撃(Distributed Denial of Service attack)が発生した。[注1]

ミライによって構築されたボットネットは、2016年8月に発見された。前述したフランスのインターネット企業「OVH」の大規模DDoS攻撃には14万5000台ものIP監視カメラがミライに感染して攻撃に加わり、最大1Tbpsを超えるトラフィック量だったという。[注2]

史上最大規模のDDoS攻撃を引き起こしたミライは、Linuxで動作するビデオレコーダーやルーターやゲートウェイ、監視カメラなどのインターネットに接続されたIoTデバイスをターゲットにしたマルウェアだ。ピーク時に1Tbpsを超える大規模なDDoS攻撃を可能とする「ボットネット」の登場が注目された。[注3]

ミライは、初期設定で使われることの多い62組のユーザーIDとパスワードの組み合わせのリストを使用し、IoT機器をスキャンしてログイン可能な機器に感染してボットネットに組み込んでいく。多くの機器は、ネットワーク接続設定が工場出荷時のまま使われており、共通のIDとパスワードで簡単に乗っ取ること

[注1] ミライがDoS攻撃をかけた起点はネットワークに接続されたIP監視カメラだった。つまり、管理が不十分なIP監視カメラのセキュリティホールをついてIP監視カメラを乗っ取り、膨大な数のIP監視カメラからDDoS攻撃をしかけたのだ。

[注2] テラビット(Tbps)とは、データ伝送速度の単位の一つで、1秒間に何兆万ビット(何テラビット)のデータを送れるかを表したもの。現在よく使われ出したギガビット(Gbps)の1000倍である。

[注3] ボットネットとは、攻撃者の指令や遠隔操作などを受け入れるようコンピューターウイルスなどに感染させた多数のコンピューターを組織したネットワークことで、多数の攻撃可能な機器が攻撃対象のサーバーに対して一斉に通信して、サーバーに負荷をかけるという攻撃アプローチをとる。サイバー犯罪者はマルウェアを多数の機器に感染(ボット化)させ、ボットの集合体であるボットネットのコントロール権を利用者に対して時間貸しで販売して利益を得ている。

ができる傾向がある。このため、62組のログイン情報だけでも数十万の機器へのアクセスが可能だった。これを防ぐ手段は、いったん電源をオフにしたのち、デフォルトのパスワードを変更することのみが、再感染を防ぐ手段である。

　2016年10月にミライのソースコードがハッカーの集まるフォーラムで公開されたことで、ミライの仕掛けは他のマルウェア開発でも使われることとなった。そのため現在のDDoS攻撃は、費用さえ払えば誰でもアンダーグラウンドのサービスを利用して簡単に実行できるようになっている。

　現在のインターネットの高速検索を裏から支えているアカマイ・テクノロジーズによると、2017年4月〜6月に同社のネットワークサービス上で観測されたDDoS攻撃は、前年比で28%増加した。しかし、DDoS攻撃元のIPアドレス数は前年比で98%減少し、100Gbpsを超える巨大なトラフィックの攻撃は観測されず、最大は75Gbpsだったという。

　この現象はミライへの対策が進み、感染した機器が大幅に減少したことや、小規模なトラフィックを繰り返し送り付けて、少ない費用で攻撃の効果をあげようとするビジネスになっているためだろう。

(2) ウクライナの大停電

　2015年12月、ウクライナ西部において複数の電力会社が保有する30の変電所がサイバー攻撃を受け、22万5000世帯が数時間に渡って停電するという大規模な被害が発生した。

　1年後の2016年12月、今度はウクライナの首都キエフの変電所がサイバー攻撃に遭い、1時間に渡る大停電が発生した。これには変電所のシステムを狙ったマルウェアが使用されており、サイバー攻撃によって実際に停電が発生した、世界で初めての事例と言われている。

　電力会社の発送電設備システムは、独自性の高い特殊なシステムで構築されているため、その環境について十分な知識を持っていない限り攻撃することは困難だ。だが標的となった電力会社が使用している発送電設備で有効に動作するようにカスタマイズされたマルウェア『BlackEnergy』がこの攻撃に使用された。

　この事例は、特殊なシステムであっても、サイバー攻撃は成功し得ることを示している。

(3) マルウェア攻撃手法の変化　〜After WannaCry〜

　2016年あたりからランサムウェア（Ransomware）というマルウェアが世間を

騒がせ始めた。ランサムウェアとは、感染させた被害者のコンピューターのデータを人質にとり、身代金（ransom：ランサム）を支払うよう要求するマルウェアだ。

　人質のとり方は感染させたコンピューターのデータを暗号化して、被害者が自分のコンピューターのデータを読めなくしてしまうことで行う。この暗号は現在の技術では解けないため、これを悪用してランサムウェアを仕掛けた犯人は、「身代金を支払えば、暗号を解除してデータの復元をしてやる」と脅す。またワーム（worm：虫）とは、コンピューターに侵入して不正行為を行うマルウェアのうち、ネットワーク内を芋虫のように這い回って自己のコピーを拡散させる伝染機能を持ったマルウェアのことだ。

　2017年5月にランサムウェアの亜種WannaCry（ワナクライ：泣きたくなる）が、世界中のコンピューターに影響を与えた。ワナクライは自分自身を他の脆弱なWindowsで動作するシステムに感染させる機能を持ち、感染させたコンピューターのファイルを暗号化して、その暗号解除と引き換えに金銭を要求する動作をするマルウェアだ。ワナクライに感染すると、Windowsで動作するPCやサーバー上のファイルは勝手に暗号化され、ユーザーがファイルを開けなくなる。この制限を解除するため、被害者がマルウェアの作者に身代金を支払うよう要求する。このワナクライの大規模なサイバー攻撃が2017年5月から開始され、150カ国の23万台以上のコンピューターに感染した。そして感染したコンピューターの身代金として暗号通貨ビットコインを要求した。

　最も被害が深刻だったのはイギリスで、英国国民保健サービス傘下の236のうち81の医療機関で患者の情報が確認できない、検査機器が使用できない、予約や会計処理ができないなどの問題が発生し、大混乱に陥った。

　このセキュリティインシデントはOSの状態をつねに最新にして、セキュリティパッチを当てる対策の必要性を世界中に改めて認識させた。

　今後図表5-2「情報セキュリティ10大脅威」で組織部門2位のワナクライは、IoTシステムも狙ってくるだろう。その兆候が2018年の平昌冬季オリンピックを標的としたマルウェア「Olymoic Destroyer」だ。このマルウェアは、非常に巧妙な偽装手口を利用していた。それはマルウェアが埋め込まれた、本物らしくて説得力のある囮文書を使用し、また攻撃用ツールがセキュリティ製品に発見されないように、難読化メカニズムを実装していた。さらに様々な偽旗を使って脅威分析を難しくしていた。

以上紹介したサイバー攻撃からもマルウェアが日進月歩していることがわかる。このように常に手法が進化していくサイバー攻撃へ対応していくにはどうすべきか。

● 攻撃の侵入口

これらのセキュリティインシデントは企業のネットワーク内のどこから侵入してきたのかを図表5-3に示す。

図表5-3は簡略化して描いているが、実際にはこれらの機器は数千台、数万台、数十万台にもなる。これら膨大な機器群をサイバー攻撃から守らなければならない。しかも、常に進化していくサイバー攻撃への対応や、攻撃対象の増加および影響範囲の拡大への対応、さらに管理者不在に陥りやすく攻撃の検知がしにくいという課題に対する解決策を構築する必要がある。

図表5-3を見ると、IoTシステムでも従来のインターネットシステムへの侵入と変わらないことがわかる。中でも、現在最も防御が難しいのが標的型メール攻撃だ。

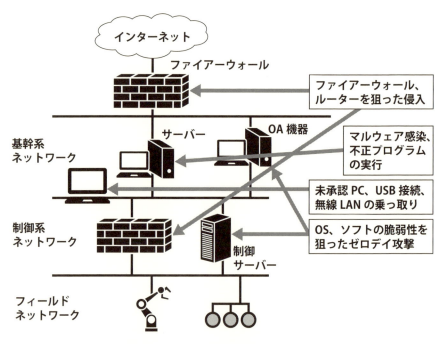

図表5-3　サイバー攻撃で狙われる機器

● 標的型メール攻撃

　標的型メール攻撃は、巧妙に細工したメールのやり取りによって、企業の特定の担当者をだまそうとするものだ。その多くがメールを利用しているため「標的型メール攻撃」と呼ばれている。事前にターゲットの業界特有の商習慣などを調査して実行するため、一見しただけでは不正プログラムが組み込まれたメールだとは気付きにくい。そのため被害が拡大している。

　例えばターゲットに関して知り合いや取引先、あるいは社内の上司のふりをして、悪意のあるファイルの添付や悪意のあるサイトに誘導するためのURLリンクを貼り付けたメールを送信して、パソコンやスマートフォンなどの端末をマルウェアに感染させようとする。標的型攻撃の厄介なのは引っかかってしまうと、なんらかの情報が奪われ、企業として大きな損害が出てしまう可能性が高いことだ。

　この標的型メール攻撃は、日本航空（2014年）でマイレージ会員の個人情報4131名の流出、日本年金機構（2015年）で100万人以上の個人情報漏えい、JTB（2016年）で顧客情報793万人分の氏名やパスポートに関わるデータの流出、米ウーバー（Uber）（2016年）で顧客やドライバー5700万人の運転免許証番号などの個人情報が流出事件など、多数のインシデントが報告されている。IPAが発表した「情報セキュリティ10大脅威」でも「組織」の10大脅威の部門で1位になっている（図表5-2参照）。

　今後、標的型メール攻撃によるIoTシステムへの攻撃が増加するだろう。

3 IoTに関するセキュリティ施策の考え方

● 情報セキュリティマネジメント

　企業や組織における情報セキュリティの確保に組織的・体系的に取り組むことを情報セキュリティマネジメントという。情報セキュリティマネジメントは、情報セキュリティポリシーを作ることから始まる。

　情報セキュリティポリシーは、社内規定といった組織全体のルールから、どのような情報資産をどのような脅威からどのように守るのかといった基本的な考え方、情報セキュリティを確保するための体制、運用規定、基本方針、対策基準などを体系的かつ具体的に記載する。例えば、ウイルス対策やセキュリティパッチの適用方針、パスワードの管理ルール、さらには社員の日常の標準的な言動を定めるためのルール集などだ。

　この情報セキュリティポリシーは、企業や組織の持つ情報や組織の規模、体制によって大きく異なる。また運用を開始した後にも社会状況の変化や、新たな脅威の発生（新たな攻撃手法の出現）などに応じて、定期的に見直さねばならない。そして必要に応じて情報セキュリティポリシーを改訂しなければならない。この作業を継続的に繰り返すことが情報セキュリティ対策の向上に役立つのだ。

　情報セキュリティポリシーを整備する上で大切なことは、ネットワークやパソコンなどに対する情報セキュリティ対策は情報セキュリティ担当者だけが心がければよいというものではないことだ。情報資産を共有するすべての社員やパートナー会社の人たちが適切な情報セキュリティ意識を持たなければ、サイバー攻撃によるマルウェアや情報漏洩などの被害から組織を防御することは困難になる。

● 脆弱なIoTデバイス

　前述したIP監視カメラのセキュリティホールを衝いてIP監視カメラを乗っ取った事例を用いて、IoTデバイスの脆弱性について説明する。

　IP監視カメラの世界市場は2018年に5700万台、日本国内でも2019年には100万台を超すと予測されているほど膨大だ。しかもIP監視カメラはセンシングを行うその他のIoTデバイスと比べてコンピューティング能力が高く、高速の通信帯域を使用しているので、サイバー犯罪者の格好の標的となっている。

ハッキングされたIP監視カメラは、全世界で数万台、日本でも約7千台が確認されている。そして、ハッキングされた原因の多くが、IDとパスワードが初期設定のままだったと言われている。このことは前述したパスワード管理の徹底がいかに大切かを示している。

　IP監視カメラはIoT製品に分類される以前から市場に存在していたので、サイバー攻撃に対するセキュリティ施策はとられていない。世界のIP監視カメラの4分の1を生産している台湾でも、安全性の確保については検討中の段階だ。

　センサーやIP監視カメラなどのIoTデバイスはライフサイクルが長いので、設計当初に想定していなかった脆弱性が見つかる確率が高くなる。しかもこのようなIoTデバイスは省電力化、24時間動作が求められるし、その特性からCPUやメモリなどのリソースに制限があるので、パソコンなどと同じようにセキュリティアップデートなどの対策をすることが難しい。

　さらにIoTシステムに接続するIoTデバイスの数は、人が操作するパソコンやスマホに比べて格段に多く、しかも急増中である。その上IoTデバイスは無人環境に置かれることが多い。このために、IoTデバイスの管理はパソコンやスマホに比べて一層難しくなっている。

　IP監視カメラシステムはカメラ機能とネットワーク通信機能、そしてクラウドサービスから構成されている。だからIP監視カメラシステムは、セキュリティインシデントが発生した場合に、その責任を単独で引き受ける能力がないし、義務を有する者がいないのが現状だ。

●セキュリティホール

　セキュリティホールとは、ソフトウェアの欠陥（意図しない動作や実装の不備）に起因する不具合の総称である。セキュリティホールを単に脆弱性と言っても差し支えない。誰もが使わざるを得ない基本ソフト（OS）などのソフトウェアには、ほぼ必ずセキュリティホールがある。それを放置しているとそこから不正アクセスやマルウェア攻撃などが行われ、コンピューターシステムが大きなダメージを受ける可能性がある。

　そのため、可能な限り利用しているシステムやアプリケーションを最新の状態に保つことが重要だ。セキュリティホールが見つかると、ソフトウェアメーカーは早急にパッチと呼ばれる修正プログラムを作成して配布する。セキュリティホールが発見されて、パッチの公開まではある程度の日数がかかる。この間、システムは無防備な状態になる。この期間に実行される攻撃をゼロデイ攻撃（Zero

Day Attack）という。

　セキュリティホールにはソフトウェアメーカーが気付いたホールとハッカーが見つけたホールの二種類ある。メーカーが気付かないセキュリティホールや、ソフトウェアメーカーがセキュリティホールを塞ぐパッチの公開までの期間のゼロデイ攻撃に対しては、完全な防御方法はないと解されている。

　だから、ゼロデイ攻撃を受けた場合は不可抗力に近いため、裁判沙汰になったとしてもこれによって責めを負うことはないと言われている。しかし、ソフトウェアメーカーのパッチ公開後に、その該当するパッチを当てずに放置した状態で攻撃を受けて被害を被った場合には、不可抗力だとの言い訳ができず、裁判では完敗する。

　IoTシステムでは、セキュリティホールを塞ぐパッチはWindowsやLinuxなどの基本ソフト（OS）だけでなく、使用しているIoTデバイスについても、メーカーからの通知を常に確認し、必要があれば最新のセキュリティアップデートを適用しておくことが重要となる。

安全なIoTのためのセキュリティ施策

　コンピューターシステムに不正アクセスを行い、ネットワーク上やファイル内のデータへの攻撃を防止する直接的対策には、ファイアウォールなどを使って、入ってこられなくするアクセス管理や、データを見えなくする暗号化（ファイル暗号、通信路暗号など）、ウイルス対策ソフト（ワクチン）などがある。また攻撃の予防、検知、回復をする間接的対策には、セキュリティ監視などがある。

　さらに、セキュリティが強化されたセキュアなOS、端末に情報を残さないセキュアなパソコン（シンクライアント）、共通鍵暗号方式、公開鍵暗号方式、インターネットで通信を行う際の暗号化の仕組み、既知の攻撃手段で侵入を試みるペネトレーションテスト、攻撃を検知するツールなどなどがある。これらの施策についてはすでに多数の書籍やレポートがあり、個々の技術論についてはこれらの書籍を参考にしていただくことにして、本書では経営層も知っておいたほうがよいセキュリティ対策に絞って述べる。

●IoTシステムのセキュリティ施策

　あらゆるモノが互いにつながっているIoT化が進んだ世界は素晴らしく思えるが、十分なサイバーセキュリティが施されていなければ、そのスマートさに見合う安全性は確保できない。パソコンやスマホ時代のマルウェアに比べて、IoT時代のマルウェアはより自動化されていて、セキュリティ対策は一層厄介になっている。

　読者の中には、「自分の会社は小さいし、持っている情報もたかが知れている。だからサイバー攻撃に遭うことはないだろう」と考えているとしたら間違いである。中小企業も悪意を持つ攻撃者のターゲットとなって、標的型サイバー攻撃を受けている。シマンテックの『攻撃者は標的企業の規模を問わない』というレポートによれば、サイバー攻撃を受けた会社のうち中小企業が占める割合は年々増加しており、2015年には従業員250人以下の小規模企業が43%でトップを占めている。

　防御の弱い中小企業のパソコンやサーバーを足掛かりに、親会社やサプライチェーン上の大手企業の顧客情報を狙う事件も起きている。こうなるとサイバー攻撃の被害者なのにもかかわらず、加害者に仕立て上げられてしまうリスクすら

ある。「何の対策もしない」ことで、このようなリスクを負うことも想定しておかなければならない。同様に海外に進出している会社の場合は、セキュリティ意識の希薄な国のグループ会社が狙われている。

このようにセキュリティ対策をしていないIoTシステムは、被害者になるだけではなく、加害者になる時代なのだ。前述したIP監視カメラが乗っ取られ大規模なDDoS攻撃（Distributed Denial of Service attack）が発生したインシデントがそのよい例だ。

IoTデバイスが直接インターネットに接続される例や、イントラネットに接続される例が増えるに従い、このようなセキュリティインシデントは増え続ける。実際IoTデバイスを中心とした不正アクセス事件が急増している。

● セキュリティの一番脆弱な部分は人間

攻撃者が狙うのはセキュリティの一番弱い箇所だ。一番脆弱なのは、その組織に属している人間や、システムにかかわっている人間だ。

昔からいわれているように、セキュリティと人間とは本来相いれないものだ。人間は信頼を抜きにして生きられないし、信頼を抜きに一緒に働くことなどできない。また、人間は他人から好かれることを好む社会的動物なので、セキュリティの人的要素をコントロールするということは、誰かをあるいは何かを否定することになり、これは不可能に近い。

同様に企業や組織はモノやサービスを提供することを目的に存在する。だから有能で親切な従業員がそのモノやサービスを広めようとすることを期待する。そこに完全なセキュリティを求めるのは難しい。このことを認識してセキュリティ対策を講じなければならない。

そのための一つは、ハッカーの脅威を減らすことだ。ハッカーの脅威を減らす効果的な方法は、訓練の行き届いた意識的で自覚的な社員を育てることだ。そのためには、セキュリティポリシーと手順を社員に教育することだが、それ以上に重要なのが定常的に様々な方法で警戒心をつねに社員に喚起しておくことだ。

だからと言って、社員に「セキュリティを意識しよう！」と言っても、なかなか自分のこととして捉えてくれない。そこで効果的なのが、「標的型メール訓練」によって疑似体験をしてもらう方法だ。これは「防災訓練」のようなもので、定期的に行えばセキュリティの意識づけの効果は大きい。

● ユーザーIDとパスワード管理

　ユーザーIDとパスワードを用いた認証は、現在広範囲で使われている。例えばオフィスの複写機やゲートなどにも使われている。これらの機器の管理は得てして疎かになりやすい。

　セキュリティを確保するために頻繁にパスワードを変更するのは煩わしいので、同じパスワードを使い続ける人が多い。また複数のコンピューターシステムに対しても同じパスワードを使う人も多い。サイバー攻撃者は人間のこの性質を利用して、稼働時に設定したユーザーIDとパスワードや、入手したパスワードの中にはターゲットシステムにアクセスできるパスワードが必ず一つや二つはあるはずだと狙いをつけて攻撃する。

　パスワードでユーザーを認証するこの欠点を補うために、生体情報（指紋認証、瞳の中の虹彩認証、静脈認証、音声認証、顔認証など）を用いた認証や電子署名技術が次々と開発され、一部で実用化されている。生体認証は一見すると安全性の高いものと思われがちだが、落とし穴もある。だから生体認証に加えて暗証番号を入力させるなどの併用が主流のようだが、利便性が向上しているとは言い難い。

　生体認証の最大のリスクは生体情報の漏えいだ。生体認証の情報は未来永劫変わらないため、いったん生体情報を抜き取られてしまった場合、流出に遭った個人は生涯危険にさらされることになる。

　筆者は生体情報を漏えいさせた場合、個人に未来永劫の保証はできないので、たとえ漏えいしても読み取ることが困難な技術を実装することや、生体認証を利用するのは特定のシステムのみにし、不正アクセスから完全に隔離された場所で使うなど、確実に漏えいに備えたうえで利用するべきと考える。

● 多層防御

　多層防御はもともと軍事用語で、攻撃側の軍勢を停止させるのではなく、占領地を与えつつ時間を稼ぎ、敵の進撃を遅延させることを目的とした戦略のことだ。コンピューターセキュリティの多層防御もこの考えと同じく、重要なシステムに対しての直接攻撃や情報漏洩を避けるために、情報技術を利用した多層の防御を行う手法を多層防御と呼んでいる。

　多層防御の理論的支柱となっているのが、「スイスチーズモデル」と呼ばれる理論だ。このモデルの考え方は穴のあるスライスしたチーズの、チーズの部分を

「事故をくい止められる部分」、ランダムに開いている穴の部分を「事故をくい止められない部分」と考える。スイスチーズモデルはハインリッヒの法則と同じく安全管理において頻繁に引用されている。スイスチーズモデルについては、【コラム　スイスチーズモデル】を参照していただきたい。

　穴の開いている複数の壁を通して向こうが見える場合は、その穴を通り抜けて事故が発生し、いずれかの壁で向こうが見えない場合は、事故の発生をくい止められるという考え方だ。危機管理対策、防災対策などの事故防止対策をそれぞれ別の穴のあるスライスしたチーズ（壁）と見做し、壁を重ねることが複数ある事故防止対策を併用することに相当すると考える（図表5-4参照）。

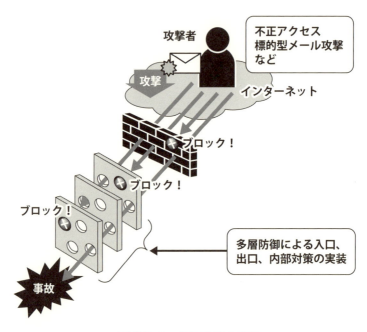

図表5-4　多層防御の実装

　多層防御は幾重にも防御壁を設けることで機密情報に到達される確率を下げることができるので、巧妙化するサイバー攻撃への対策として有効である。多層防御の有効性を維持するためには、個々の層の防御を常に最新の状態にしておくことと、穴の有無を常に監視して穴を発見したらすぐに塞ぐことが大切だ。

　個々のセキュリティ技術は次々と開発されている。サイバーセキュリティを防御するには、ひとつの手段での対策ではなく、多層防御の観点から個々の技術を

取り入れて、ウイルス感染リスクの低減や感染したパソコンやIoTデバイスのネットワークからの切り離し、事後対応の準備などを進めるとよい。実際、多層防御は不正アクセスなどの侵入前対策（入口対策）と、侵入後対策（出口対策）と内部対策を組み合わせて用いられている。

- **入口対策**：サイバー攻撃者の侵入を未然に防ぐための入口の防御対策には、いろいろなツールがある。しかし、現在のウイルス対策ソフトは新しいマルウェアの40％程度しか検知できず、防ぎ切れないし、手の込んだ標的型攻撃を完全に防御することは不可能だと言われている。
- **出口対策**：出口対策の考え方は、入口で攻撃を防げずに組織にウイルスが侵入してしまった場合にも、組織内のネットワークから重要な情報が外部に流出しないように、意図しない通信や業務に無関係な通信をブロックすることが基本だ。

    サイバー攻撃者は入り口の防御は成功するまで何度も攻撃を繰り返すことができるので突破しやすい。これに対してマルウェアが侵入した後に機密情報を持ち出すには、事前に持ち出し方法をプログラミングしておかねばならない。このため出口対策を突破するのは、入り口の防御を突破するのに比べて難しくなる。また最近の攻撃の手口はステルス化して進入や攻撃のあったことがわからないようにしているので、これを防ぐのにも出口対策は有効である。
- **内部対策**：標的型攻撃による情報漏洩事故を分析すると、発覚のタイミングよりかなり前に情報が盗み出されている。標的型攻撃によって情報が盗まれたことに、9割以上の企業が外部からの指摘によって気付いているとの報告もある。そこで、社内ネットワーク内の端末やサーバーを監視することで、早く攻撃を検知し、すぐ対処することが必要だ。

● **攻撃を検知する仕組み**

今後IoTシステムが大規模化するにつれて、サイバー攻撃による被害もより大きくなる。これを防ぐには、攻撃を検知する仕組みが重要なセキュリティ対策のひとつになる。攻撃者が企業の構築した防御を突破する際には、まずターゲットとする会社の守りを調べて、脆弱な個所を見つけようとするので、これには時間がかかる。そこで早い段階で攻撃の前兆を検知できれば、有効な対処ができ、易々とは侵入されなくなる。

例えば、標的型攻撃の検知は攻撃者の常套手段を踏まえたログ分析を行うことで検知する。攻撃者の常套手段はマルウェアを添付したメールを標的企業の従業

員宛への送付（初期侵入）から始まる。そして従業員が添付ファイルを開くことでパソコンをマルウェアに感染させ、インターネット上にある攻撃者のパソコンやサーバーとの通信経路を確保（基盤構築：バックドア開設）する。次にパソコンをリモート操作するActive Directoryの特権IDなどを奪取（内部侵入）して、パソコンやサーバーを乗っ取る。最後に重要情報の窃取やシステムの破壊（目的遂行）をする。この攻撃者の常套手段を想定してログから検知する仕組みで、攻撃を早期に発見するのだ。

サイバー攻撃によってセキュリティ侵害を検知した際、セキュリティ担当者に求められる対応は不正プログラムに感染した端末をネットワークから隔離するだけではない。攻撃の手口や侵入経路、侵入を許した原因を特定しなければ、繰り返し犯行を受けることになる。また影響範囲を即座に突き止め、インシデントの元凶を排除することが必要である。

このため、入口対策をすり抜けて内部に侵入してきたマルウェアの活動を早期に検知する「エンドポイント（端末）の解析」が重要であり、それを実現するEDR（Endpoint Detection and Response）の活用が注目されている。EDRは端末の挙動（システムのアクティビティ）を記録し、その挙動を調査・解析することで脅威侵入の原因や経路、影響範囲を迅速に割り出す機能を備えている。

もう一つが、サイバー犯罪者が集まる闇サイト「ダークウェブ」などを巡回し、サイバー攻撃の兆候となる情報を収集する方法だ。その情報をAIやセキュリティの専門家が分析して、顧客企業との関連性が高い脅威情報を抽出し、攻撃に遭う前に対策を打ちたい企業に、サイバー攻撃の予兆を通知するサービスがある。これは「脅威インテリジェンス」と呼ばれるサービスで、すでに日本でも始まっている。

● **ネットワークの見直し**

近年、工場や発電所などの様々な産業分野へのIoT化が進み、IoTデバイス（設備や機器など）の制御に安価なWindowsやLinuxなどの汎用OSが搭載されるようになった。しかも設備や機器はいったん稼働すると、故障するまで当初の設定状態のまま稼働し続けるのが常だ。このためWindowsやLinuxなどの汎用OSを搭載した機器の設定が初期設定のままになっていることが多い。

だが汎用OSは常にセキュリティホールを見張り、品質を保つために新たなセキュリティホールを防ぐパッチを当てるというのがIT技術者の常識だ。このような状態のIoTシステムを基幹系システムに接続するようになってきた結果、企

業システム全体のセキュリティの脆弱性が高まっている。

　例えば海外から検査機器を輸入して、工場内のネットワークに接続して運用するケースを考えてみよう。輸入した検査機器には汎用OSが内蔵されている。そのことを知らずに運用していると、ある時にサイバー攻撃を受けてネットワークにつながっているこの検査機器がマルウェアに感染する。マルウェアはこの検査機器を足掛かりとして、ネットワークにつながっている設備や機器、サーバーやパソコンに感染を拡大し、工場全体が停止する。最悪の場合は、社内イントラネットを通じで会社全体に、さらにはグループ会社すべてのサーバーやパソコンに感染してしまう事態もあり得るのだ。

　1台の検査機器がマルウェアに感染しただけで、グループ会社すべてのサーバーやパソコンに感染が広がるのは、インターネットの恩恵を十分に引き出すために、イントラネット内に接続されているメールシステム、Webシステム、顧客情報管理システム、販売管理システム、営業支援システムなどをどこにいても簡単に接続が可能なイントラネットのフラット化、言い換えればインターネットのコンセプトをイントラネットに応用したシームレスなネットワーク構築を推進してきたからだ。

　これを防ぐ対策としては、シームレスなネットワークの利便性は残したまま、イントラネットを経由してマルウェアが拡散しないような対策を打つことだ。例えば、工場群が全面停止とならぬように、サイバー攻撃を受けたとしてもその被害が工場内に留めるようにする。いくつかのグループ会社からなっている企業の場合は、それぞれのグループ会社に被害を留めるようにする。これは社内ネットワークをセキュリティ単位、業務単位で仮想ネットワークに分離することで対処できる。

　これらの対策は一昔前には経済合理性の面で難しかったが、今ではソフトウェアによって仮想的なネットワークを作り上げるSDN（Software-Defined Networking）を用いることにより、インターネット通信やイントラネット通信、IoT通信、さらにBPO（Business Process Outsourcing）や海外アウトソーシング（オフショアリング）先との通信ネットワークなどのネットワークの分割、さらには工場ごとに、グループ会社であれば会社単位にネットワークの分割が比較的容易にできるようになった。

　仮想的なネットワークを構築すると、ネットワークの物理的な制約から離れて目的に応じたネットワークを柔軟に構築しやすくなる。このSDNを用いて社内のイントラネットを再構築することにより、セキュリティ対策の向上を図ること

ができる。

● IoTデバイスをリアルタイムで切断

　近年IoTシステムはサイバー攻撃によってマルウェアに感染し、IoTデバイスの不正制御や乗っ取られたIoTデバイスを踏み台にした大規模なサイバー攻撃が行われる事件が増加している。その影響は広範囲で、甚大な被害を及ぼしている。

　サイバー攻撃の影響を最小限に留めるために、IoTデバイスの異常を検知し、マルウェア感染対策を素早くすることが重要である。このようなIoTシステムの普及にともなって高まるセキュリティーリスクに取り組む方法のひとつは、イントラネットに接続されているすべてのデバイスの認証と稼働状況を監視し、異常の場合は被害を拡大させないためにネットワークから即座に切り離す。これを自動化することだ。

　そのために、イントラネットに接続を許すIoTデバイスを認識する機能と、認可したIoTデバイス台帳の管理と、これを用いたIoTシステム全体の通信状態を監視して、不適切な機器の接続を許さない仕掛けを構築する。

　そして不審なデバイス（IoTデバイスやパソコン）を発見した場合や、異常な通信を始めたIoTデバイスやパソコンを検知したら、それらを直ちにネットワークから切り離し、通信を遮断するか、不正な通信をしている通信ポートのみを遮断する。これにより社内ネットワークへの悪意ある送信を防ぎ、正常なデバイスへの影響を最小化する。この対策により、セキュリティを確保しつつ、利便性を高めることができる。

　NECは、IoTのエッジやデバイスの不正アクセスを見える化し遮断する「IoT Device Security Manager」の提供を始めた（2018年4月）。また富士通も、不審デバイスの通信を遮断するネットワーク制御技術の2018年度内の実用化を目指すと発表した（2018年5月）。このように、少し前までは難しかった不審デバイスの監視とネットワークからの遮断が、できる時代になってきている。

● IoTデバイスの一括管理の必要性

　センサーやIP監視カメラなどのIoTデバイスはライフサイクルが長いので、設計当初に想定していなかった脆弱性が見つかる確率が高い。その上、これらのIoTデバイスはその数が膨大なので、すべてに対応する場合コスト負担が課題となる。容易かつ安価に脆弱性対策するための検討が重要である。

CIOやIT責任者は、このような特性を持つIoTシステムでセキュリティインシデントが発生した場合にも、裁判などで弁明できない状況に陥らぬようにシステムを常に管理・監視しておく必要がある。

　特にIoTシステムに接続されているIoTデバイスの管理が重要になってくる。理由はパソコンやスマホと比べて、IoTデバイスはセキュリティに関しては脆弱なためだ。また従来、設備や機器の制御には専用機器が用いられていたり、工場の生産設備はインターネットなどの外部のネットワークとは接続せずに独立して運用していたため、セキュリティ対策が特別に必要だとの認識は相対的に低かった。

　しかし、現場で汎用OSを搭載した機器を企業のイントラネットに接続すれば、便利だということに気づき、IoTデバイスがネットワークに接続されるようになる。ここに落とし穴がある。落とし穴にはまらないためには、イントラネットに接続されるすべてのデバイスを一カ所で管理し、すべてのデバイスの認証と稼働状況を監視しなくてはならない。

　しかし、この手の集中管理は現場の人たちからは嫌われる。これまで情報システム部門の管理対象になっていなかった現場の人たちは、管理されるのを嫌う。なぜなら、生産現場のことを理解していない者たちが自分たちの自由を奪っていると感じるからだ。

　でもCIOやITの責任者は、このことからくるセキュリティインシデントが発生した際の影響と重大さについて、現場の人たちに具体的な事例を用いて、納得するまで何度も説得をしなくてはならない。

●ペネトレーションテスト

　インターネットに接続しているコンピューターシステムが、実際に外部から攻撃された場合は「どのようにシステムが乗っ取られるのか」、「侵入に対してどこまでセキュリティツールが耐えうるのか」などの安全性を調査するテストの一つにペネトレーションテスト（penetration test：侵入テスト）がある。これは既に知られている攻撃手法を用いて、実際に外部から侵入を試みることで、システムに脆弱性がないかどうかテストする手法だ。具体的にはネットワークを通じて、実際のハッカーによる攻撃手法を試みながら、システムやネットワークの脆弱性を発見するためのセキュリティチェックを行う。

　具体的には、ソフトウェアの保安上の弱点（脆弱性）や設定の不備などを利用して、外部からのアクセスにより乗っ取りやサービス停止、非公開の情報の取得などができるかどうかを調べる。またDoS攻撃にどれくらい耐えられるかを調

べたり、侵入された際にそこを踏み台にして他のコンピューターや外部のネットワークを攻撃できるかどうかなどを調べる場合もある。

ペネトレーションテストは準備も大変だし、金額も相当かかる。また現実に動作している企業のシステムを攻撃するのだから、初めて行う際には何かトラブルが発生するのではないかと危惧を持つだろうが、気が付かない弱点（脆弱性）を発見することができる。

その結果、適切な対策を施すことができて、セキュリティ被害の発生する可能性を減ずることができるので価値は十分ある。

● セキュリティ施策の鮮度維持

設計当初に十分なセキュリティ対策を構築したとしても、時間の経過とともに新たな攻撃手法が現れるし、新たなセキュリティホールも見つかる。前述したスイスチーズモデルでいえば、ネズミがチーズをかじって新たな穴を空けることや、穴を一層大きくすることに相当する。穴は常に変化するので、構築したセキュリティの脆弱性がどのような状況になっているのかを、定期的にチェックすることが重要になる。

具体的には、受信者の意向を無視して無差別かつ大量にばらまかれるスパム（SPAM）メールや標的型攻撃メールの傾向の分析や、不正なWebへのアクセスパターンを日々監視して、検知フィルタリングを常に最新の状態に維持する。また、標的型メール攻撃に対する啓蒙を社員に繰り返し徹底するために、定期的に業務目的の標的型メールを送付した訓練を行い、社員の意識を維持するなどだ。

社内のネットワークに接続しているすべてのサーバーやパソコンに対して最新のパッチを当てること、また堅牢な場所にバックアップデータを保管すること、さらに障害時の影響の極所化などの対策をとることだ。

これらを日々続ける仕事は、発電所や高速道路などのインフラの監視をしている仕事とある面似ている。通常は何事もない日が続くので、注意を凝らして膨大なパラメーターをチェックする担当者は苦痛になり、運用品質が落ちてくる。今後は、ここにAIツールを活用することで、監視に漏れがなくなり、セキュリティ施策の鮮度を維持しやすくなる。既にセキュリティ対策を標榜したAIツールが発売されている。これらを取捨選択して組み込めば、より強固なセキュリティ対策ができる。

セキュリティ施策の事例

筆者は2005年から2012年の間、日立グループのコンピューターセキュリティの責任者として従事した。そこで諸々のセキュリティ施策を実施した。それは外部からの脅威に対する施策と、内部からの機密性の高い情報の漏えいを防ぐものだった。その中で効果があったと考えている施策の一部を紹介する。

●外部からの脅威に対する施策

外部からの脅威には、前述した多層防御を構築することで対処した。その際に、個々の防御の壁を完璧にするのではなく、安価な壁（チーズの枚数）を増やすことや、定期的に壁を見直すこと（穴の状態を変える）に意を注いだ。個々の防御は簡単なものだったが、この防御層すべてを突破したセキュリティインシデントの発生はなかった。サイバー攻撃の自動化が進めば進むほど、単純な防御の仕掛けの層を増やす効果は大きかった。

サイバー攻撃からの脅威を軽減するために、Webやメールの送受信はグループ全体で一元管理し、不正なアクセスパターンを検知するフィルタリングに磨きをかけた。さらにペネトレーションテストなどを定期的に実施し、自社のセキュリティの脆弱性をチェックし、脆弱な部分のセキュリティ施策を推進した。

●内部（社内）からの情報漏えいの防止

セキュリティの責任者に就任した当時、内部の者のちょっとした不注意から大切な情報の漏えいが発生しており、この防止が何よりも急務だった。その一つが会社のモバイルパソコンの紛失や盗難による情報漏えいだった。

例えば真面目な社員が休日に自宅で仕事をしようと、モバイルパソコンを持ち帰る。明日が休日なので帰宅途上飲み屋に立ち寄り、酔っぱらって電車の棚にモバイルパソコンを入れたカバンごと紛失する。その中に顧客情報や機密情報が詰まっていたと大問題になる。

モバイルパソコンからの情報漏えいのポテンシャルを排除するために、当初はモバイルパソコンのHDDパスワードやHDDの暗号化やセキュリティ教育を徹底したが、モバイルパソコンの紛失事故は減らなかった。そこで根本対策として数万台のモバイルパソコンをセキュアなパソコン（シンクライアント）にすべて

切り替えた。[注4)]

●情報漏えい防止施策のグループ会社への徹底

　情報技術やソフトウェア、セキュリティ対策として開発したツール類の社内展開は比較的容易だ。しかし、考え方の徹底や教育には多数の人が関係するため、一筋縄ではいかない。以下に日立で実施している情報セキュリティ対策の一部を紹介する。

・セキュリティポリシーの徹底

　日立では「機密情報取り扱い三原則」を定め、機密情報の取り扱いに最新の注意を払い、事故防止に努めている。そして暗号化ソフト、セキュアなパソコン（シンクライアント）、情報へのアクセス制御と失効処理、認証基盤の構築によるID管理とアクセス制御、メールやWebサイトのフィルタリングなどを日立グループの共通施策として実施している。

　また、サプライヤーと連携して情報セキュリティを確保するために、機密情報を取り扱う業務を委託する際には、あらかじめ日立が定めた情報セキュリティ要求基準に基づき、取引先の情報セキュリティ対策を確認するだけでなく、情報機器内の情報業務点検ツールとセキュリティ教材を提供して、日立の従業員と同じように個人所有の情報機器に点検・削除を要求している。

・情報セキュリティ教育

　セキュリティを維持していくためには、一人ひとりが日々の情報を取り扱う際に必要とされる知識を身に着け、高い意識を持つことが重要だ。このためにはあらゆる機会をとらえて、繰り返し教育することが大切だ。

　日立グループではすべての役員、従業員、派遣社員などを対象に、情報セキュリティや個人情報保護法の教育を毎年eラーニングで実施している。新入社員や新任管理職者、情報システム担当者などには、対象別、目的別の情報セキュリティ教育を定期的に実施している。

・情報セキュリティ監査

　情報セキュリティと個人情報の監査を日立グループ全体で年に1回の頻度で実施している。

注4)シンクライアントとは、ユーザーが使用する端末（パソコン）の機能を必要最小限にとどめ、サーバー側でアプリケーションやデータの処理を行う仕組みのことで、パソコンにはアプリケーションやデータなどの情報を一切持たせないため、データ漏えいのリスクが軽減される。

●セキュリティ施策の成果

　本章で紹介した技術やセキュリティ施策には特に目新しいものはない。それでもセキュリティポリシーを常に見直し、新たな脅威の発生（新たな攻撃手法の出現）を監視し、最新のセキュリティ対策を愚直に実施することで、国内約350社、従業員約24万人の日立グループでも重要セキュリティインシデントの発生件数をほぼ無くすことができた（**図表5-5**参照）。このことからセキュリティでも継続力は成功への道だと言える。

　しかしその後、2017年5月に前述したワナクライの大規模なサイバー攻撃を受け、日立グループも被害を受けた。

　この時の反省で、いままで取り組んできた標的型攻撃への対策、インターネット公開サーバーへの対策に加え、重点項目としてガバナンス面では体制・フレームワークの見直し、さらなるサイバーBCPの推進を実施している。そして、技術面ではネットワークアーキテクチャーの再考、IoT／OT環境のセキュリティ対策推進、堅牢な場所へのバックアップデータの保管、障害の影響の極所化、脅威情報の収集・分析・共有に取り組んでいる。

　このようにセキュリティ責任者（専門家）とサイバー攻撃者との関係は、いたちごっこの関係で終わりがない。ワクチンを発明したフランスの細菌学者ルイ・パスツールの言葉「幸運の女神は準備している者にしか微笑まない」にあるように、セキュリティ施策に日々の努力を続けている企業や組織に、セキュリティの女神は微笑むのだ。

図表5-5　情報セキュリティ向上

6 まとめ―利便性とリスクの相反する関係

インターネットに接続した機器は、その利便性に比例してつねに危険にさらされている。しかし、これを恐れるのではなく、セキュリティに関する社会状況の変化や、新たな脅威の発生（新たな攻撃手法の出現）、最新のセキュリティ対策を実施してIoTの事業化に取り組まねばならない。

時代が進むにつれて利便性は増すが、その反面セキュリティ対策は難しくなる。インターネット時代のセキュリティ対策よりも、IoT時代のセキュリティ対策のほうがさらに難しくなっている。利便性とセキュリティとは相反する性質を持っているので、これは仕方のないことだ。スマートフォンはその最たるもので、セキュリティに問題があるからと、今更スマートフォンのない社会には戻れない。利便性を知ってしまった後に、誰もそんな社会を望まない。

サイバー攻撃はいつかくる話ではなく、すでに日々攻撃されていると考えるべきだ。セキュリティに絶対の安全はない。したがってあらゆる攻撃に対して影響を限定し、いかに早く元の状態に復旧するかが大切である。

セキュリティを確保するには様々な角度からの取り組みがある。その一つがセキュリティポリシーの設定、システムのとしての対策、セキュリティ専門組織の3つの視点からのアプローチである。

セキュリティポリシーの設定は、何よりも経営者・管理者層が積極的に関与して作り上げなくてはならない。それを基にして、従業員に対してのセキュリティ意識の啓蒙活動や基本的な規則の順守の徹底運動をする。

システムのとしての対策は、完璧な防御はないとの考えのもとに多層防御を構築する。従来からやっているマルウェア対策や脆弱性対策の徹底、データの暗号化はもとより、IoTデバイスの監視や異常動作の検知システムで攻撃を早期に発見し、被害を受けたデバイスやネットワークを切り離すなどして被害を最小限にとどめる。

セキュリティ専門組織は、セキュリティポリシーに基づいた監査やセルフチェックの継続実施、特権ユーザーのアクセス管理、インシデントへの対応能力向上ための訓練などを定期的に実施する。またコンピューターセキュリティインシデントに対して専門的な知見と適切な対応をするチームを作る。これはシーサート（CSIRT：Computer Security Incdent Response Teame）と呼ばれてい

て、日本でもシーサートを設置している企業が増えている。

　スマホのない時代に戻れないように、もはやIoTのない時代には戻れない。利便性の高いものを高度に活用して、社会を少しでもより良い方向にもっていくのが企業人の務めである。ここに紹介したように、セキュリティをただ恐れるのではなく、一つひとつ要因を分析し、つねに最新の状態の維持を愚直に実践することがセキュリティ対策として大切である。そしてこれをセキュリティ担当部門が日々維持することは苦労も多いが、愚直に対処していけば必ず道は開けてくる。
　現在、標的型サイバー攻撃により、企業の中にいつ脅威が侵入しても不思議ではない状況になっている。そう考えれば、実社会と同じように「万が一の事態への備え」をサイバーの世界でも構築する時代になっているととらえて、手を打たねばならない。
　経営層はセキュリティの確保に人的資源やコストがかかるという負の面にとらわれることなく、利便性で得た利益の幾分かをセキュリティ施策に投資することで、より大きな成果を得るのだと発想を変えて、果敢に取り組むべきである。

COLUMN

スイスチーズモデル

　スイスチーズはスイスのエメンタール地方の特産品で、スイス料理のチーズフォンデュで使われる食材として知られている。熟成の過程で発酵ガスが内部に閉じ込められて、最終的にできた固まりの中に、ガスでできた気泡が固まった空洞が特徴だ。スライスするとこの空洞が穴状になるため、「穴あきチーズ」としても知られている。

　事故は単独で発生するのではなく、複数の事象が連鎖して発生する概念を「穴あきチーズ」を用いて図にしたものが、「スイスチーズモデル」だ（図表5-6参照）。これは、英国の心理学者ジェームズ・リーズンが提唱した事故モデルで、穴の開いたスイスチーズのスライスを使って事故の発生や阻止を説明する「スイスチーズモデル」と呼ばれる理論だ。このモデルは、ハインリッヒの法則と同じく安全管理において頻繁に引用されている。

　スイスチーズモデルはランダムに穴の開いている複数枚のスライスチーズを重ね、穴と穴が重なって向こうが見えるような場合は、その穴を通り抜けて事故が発生し、穴とチーズの部分が重なって向こうが見えない場合は、そのチーズの部分で事故の発生をくい止められるという考え方だ。

　このモデルの考え方は完全な防御はないとの前提に立ち、有効な防御策を何重にもかけることで被害を最小限に抑える。また、穴は潜在的なものだけでなく突発的にも出現する。比喩としては、「ネズミがチーズをかじることで新たな穴が気付かない内にできるようなもの」が用いられている。この考え方は危機管理対策、防災対策などの事故防止対策を、このスイスチーズを重ねることとしてとらえるもので、スイスチーズを重ねることは、複数ある事故防止対策を併用することに相当する。

　事故の発生する「穴と穴とが重なってしまう状況」をできるだけ生じさせないための方法は、「チーズの穴を小さくする対策」と「重ねるチーズの枚数を増やす対策」の二つである。

　一枚のチーズに開いている穴をできるだけ小さくする方法は、ある対策の事故阻止の有効性をできるだけ向上させることにあたる。ある対策を施すことで、事故の発生を100％防止できるのがベストで、これは穴のまったくないチーズのスライスに相当する。

しかしコストや物理的な制約などから、チーズの穴を小さくするのが難しい場合もある。その場合はランダムに穴が開いているチーズの枚数を増やして重ねることで、穴の部分の重なりをできるだけ少なくして、最終的に穴が抜けないようにする対策が取られる。また穴の有無を常に監視し、穴を発見したらすぐに塞ぐ対策を打つことで、防御を強化する。

このモデルは、航空、有人宇宙飛行、鉄道輸送、化学プロセス産業、原油・ガス田開発、原子力発電、船舶輸送、アメリカ海軍、最近では医療など、組織事故が起きやすい潜在的な危険性を有する様々なシステムで用いられている。

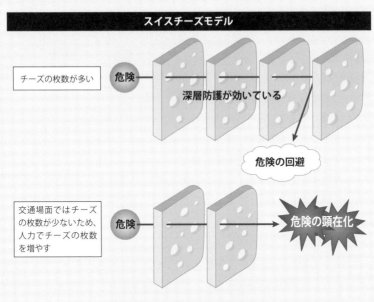

図表5-6　スイスチーズモデル

第6章
コード統一の実態とその解決策

　自社製品のサービス化を実現するためには、顧客に納入した商品が現実にどのような環境で、どのように運用されているのか。その運用で顧客はどれほどの価値を創生しているのか。顧客の熟練操作者と若年操作者とでは、商品の使い方にどのような違いがあるのか。顧客は商品のどこに困っているのか、それをどのように運用すれば顧客の利便性は高まるのか、などなどの商品の運用ノウハウをまず習得しなくてはならない。

　その上で、商品に装着したセンサーからデータを収集し、蓄積しているビッグデータと照合・分析し、その結果と、さらに習得した運用ノウハウから、商品の予知保全など顧客にとっての最適なサービスの提供が可能になる。このようなサービスを実現するには、企業内の各部門が同期をとって、顧客に向かってそれぞれのサービスを提供するという意識と行動を伴わなくてはならない。

　サービスは決して企業の一部門や品質の良い製品だけで戦える市場ではなく、ここで勝ち抜くには企業の総力戦になる。各部門がそれぞれの立場で勝手にサービスするようでは、サービス競争に負けてしまう。つまり各部門がデータをリアルタイムに有効活用して、ベクトルを合わせなくては、顧客の期待するサービスは達成できない。そのためには企業の全部門が、同じデータ（情報）に基づいて行動できることが必要である。

　またスマート工場の実現は、工場内のあらゆる工作機械や生産ラインなどに装着したセンサーから収集したデータで、それらの稼働状況を把握して工場全体の生産性や品質の向上、並びに工作機械や生産ラインなどの予知保全をすることで、工場全体の稼働率を上げる。

　しかし、工場内のすべての工作機械や生産ラインなどからデータを収集しても、企業内でコードが統一されていなければ、データのハンドリングのたびにコードの変換作業が発生するため、AIを活用した分析の自動化や最適化を達成できない。

しかるに日本企業のほとんどは、コードの統一や基幹システムの統合ができていない。このことが欧米の先進企業と比べて、日本企業のIoT化やAIの取り組みが遅々として進まない原因であり、さらにIoT化やAIの導入後の成果の刈り取りができていない最大の原因でもある。したがって企業が事業のIoT化にあたって真っ先に取り組まねばならないことは、会社全体としてコードの統一をとることである。コードの統一なくして、事業のIoT化でその果実を得ることはできない。

具体的には、生産現場からのデータ、営業からのデータ、設計のデータ、稼働中の機器や設備からのデータ、さらにはスタッフ部門が管理しているデータなどを企業全体で共用し、すべてのデータを経営者の視点で一つのデータベースとして整備・運用することである。そのためには企業としてコードを統一しなくてはならない。会社の組織やシステムに潜在しているコード統一の壁となる「このデータはわが部門以外には要請があった場合のみ開示する」などの諸々の問題を掘り起こして、一つひとつ潰していくという泥臭い作業が必要になる。

本章では、なぜ「コード統一」が必要となるのか、日本企業における「コード統一の壁」の実態とその発生原因を明らかにし、IoT化に取り組む際に6つの壁の中で最も解決が困難な「コード統一の壁」を乗り越える方法について詳述する。

なぜ、コード統一しなくてはならないのか

　我が国でIoT化を推進するにあたり避けて通れない最も大きな壁として立ちはだかっているのがコード統一の問題だ。例えば経営の見える化などのプロジェクトで、見える化を実現しようとしても社内のコード統一ができていないため、仕掛けはできてもデータの読み替えが煩雑なため、経営層の期待するレベルに達しない。またIoT技術を活用してデータを収集してみたが、拠点ごとにデータの管理手段が異なっている、あるいは情報の精度・鮮度・粒度が合わないために、行き詰まっている。またビッグデータの活用に取り組んでみたが、社内データが整理できていないので手が付けられない、というような事象が発生している。

　これらはいずれも、データの連携を行おうとする際に発生する問題だ。この見えにくい問題の存在が、日本企業の経営のスピードを鈍らせているし、IoT化を推進するにあたっても大きな壁となっている。

　製造業のIoT化の目的の一つは、製品の機能や価格の競争ではなく、顧客に製品の持っている機能をサービスすることで対価を得る事業への転換であり、もう一つはスマート工場の実現によって工場全体の生産性や品質の向上、並びに工作機械や生産ラインなどの予知保全をすることで、工場全体の稼働率を上げることだ。

　どちらの実現を目指しても、企業の設計部門や製造部門が中心の競争ではなく、会社全体が一体となった総力戦になる。そのためには会社全体のベクトルを目的に向かって、タイムリーに発揮する仕掛けがないと総力を結集して戦うことはできない。

　会社全体のベクトルを合わせるには、企業内で発生するすべてのデータが、まず企業の業務システム全体をスムーズに流れなければ実現できない。

　コード不統一により業務連携が不全で困る事例を、まず経営者目線で説明する。

　例えば、顧客満足の追求のために新しいニーズの発見やニーズに応じた新しいサービスの提供を命じられたとする。顧客情報管理システム（CRM）の顧客特性と、販売管理システムの販売状況や、営業支援システム（SFA）の顧客訪問内容を突き合わせて作戦を検討したいと思っても、これらの業務システム間で

コードが統一されていないと社内に蓄えたデータの有効利用ができず、シャープな新しいサービスの提案は難しい。

また、社長が突然顧客の表敬訪問を受けることになったとする。すると社長は営業部門に対して売り上げの推移や直近の受注案件のリストアップを求める。また同時に、調達部門には調達額の推移などのリストアップを求める。この時コード統一がされておらず、顧客コードや調達先コードが事業部ごとに異なっていると、コードの変換表などを作成して突き合せしながら対応することになる。このような無駄な作業もさることながら、社長が何の準備もできないまま顧客と対面することになれば、これがどれほど折衝時に不利になるかは想像に難くないだろう。

あるいは企業グループの全体の最適化を目指して企業グループ全体の在庫を圧縮しようと、企業グループの購買・生産管理システムと販売・物流システムのデータを組み合わせてサプライチェーン・マネジメン（SCM）を構築しようとしても、これらの業務システム間でデータの意味が同じでない、あるいは同じ対象なのにコード番号が異なっているなどの事象が多発して、その整合性を調査するための多くの無駄な作業と期間が必要になる。

次に同じく、コード不統一により困る事例を、現場目線で説明する。

例えば読者の企業が製造業であれば、自社のBOM（部品表）の状況を思い出して欲しい。設計BOM、製造BOM、調達BOMのBOM階層は整合性がとられているだろうか？　BOMに登録されている製品／アセンブリ／部品コード体系は、設計／生産／調達の各用途を満たしながらも統一的に統合されているだろうか？　複数工場あるのなら、工場間でそれらのコード体系は統一されているだろうか？　工場内連携や工場間連携で、部門間の摩擦の原因としてこれらの問題が根底にないか、胸に手を当てて思い出して欲しい。また視点を変えて、営業から見てみよう。工場側の製品コードは、顧客要求に応じて在庫引当や生産計画への組み込み、納期の回答が即時にできる状況にあるだろうか？　大抵の企業には、「そう言えば」と思い当る節があるはずだ。

読者の企業が流通・サービス業であれば、自社の商品コードと顧客コードを思い浮かべて欲しい。次々と登場しては廃止されていく商品コードの分類構造は整合性と鮮度を維持して経営分析に使える状況にあるだろうか？　顧客コードは顧客の業種・企業規模・成長率・取引履歴などの属性項目と紐付け可能な状況に整備され、多角的な営業分析に耐え得る状況にあるだろうか？

合併を経験した企業であれば、そもそも商品コードや顧客コードが統一されているだろうか？　さらに言えば、営業現場が組織内部で管理している営業週報や引き合い情報・見積情報は、EXCELなどではなく、システム化されてこれらの統一的な商品コードと顧客コードで管理されているだろうか？

　その他、業務の効率化を目指して色々な対策を検討しようとしても、複数の業務システム間でコード統一が確保されていないため、前述の社長のケースと同じことが方々の部署で発生し、途中で目的を断念する事態になっている。これらはいずれも会社全体で、あるいは企業グループ全体でコードが統一されていないことが原因である。

　そもそも「コード統一の壁」を打開することは、IoT構築のためというより、経営の意思決定に無くてはならない正確な情報を得るためのものだ。

　データが企業の業務システム全体をスムーズに流れないと、IoT化が進まないだけではなく、経営の改革や意思決定のタイミングが遅れがちとなり、これからのネット時代に今いるポジションを維持することさえ難しくなる。

　そもそもデータ（情報）は相互に連携することで価値が生まれるものだ。単なるデータがある特定の目的とつながりを持ったとき、また他のデータや知識と組み合わされたときに、情報として大きな価値を持つ。このデータと別のデータ（情報）の組み合わせこそが、知識や知恵の根源であり、情報の活用に他ならない。

　IoTを活用したビジネスモデル革新を実現するには、工作機械や生産ライン、あるいは納入した商品のセンサーから得られるデータと、既存の顧客情報や商品のメンテナンス履歴、クレームや品質の情報などの業務データ（各種マスターデータ）とを関係付けた分析が必要になる。このためには組織横串でのデータ連携が不可欠になる。

　つまり、データや情報の活用には、コード統一が確保されていることが大前提なのだ。そのためには、まず企業の業務システム全体をデータがスムーズに流れるようにしなくてはならない。つまり既存の基幹システムを含めて企業全体でのコードの統一をしなければ、無駄が多すぎて利益の創出ができないだけでなく、海外企業ともまともに戦えないのだ。

　では、なぜコードが不統一になっているのか、コード統一をするためにはどうすればよいのか、その際のポイントは何か、コード統一を達成する手順について次の各節で述べる。

2 日本企業のコード統一の壁（壁の発生とその原因）

なぜ日本の企業にはIoT化を進めるにあたってコード統一の壁があるのか。その原因を探ってみよう。

●原因その1　日本企業の組織体制

多くの企業では事業別、機能別の組織体制が取られている。このような縦割りの体制の中では、部門固有の業務や組織内部についての効率化や最適化の意識は働いていても、部門を超えた業務の流れや全体の効率化、関係組織全体をとらえた最適化の意識はなかなか働きにくい。

このような体制を長い間続けていると、部門間の業務の重複や調整業務が無視できない規模になるし、誰も手を付けようとしない部門間に隙間ができる。隙間があればそこに問題が潜在し、企業全体から見れば人・物・金・データの経営資源が無駄に使われるようになる。

フォーチュン誌が毎年発表する世界の総収益ランキング上位500社かそれに匹敵する規模をもつ日本以外の多国籍企業の平均寿命は40年〜50年なのに対して、日本には100年以上続いている上場企業が450社以上もあり、日本企業は海外企業に比べて長寿命と言える。このため、この縦割り組織の弊害を受けやすい。

●原因その2　日本企業はコングロマリット

生物が新しい機能（武器、力、俊敏さなど）を獲得するには、その機能を持つためにより大きな体が必要になる。だから生物は環境が安定していると、体が大きくなる法則がある。これをコープの法則と言う。コープの法則については【コラム　コープの法則】を参照していただきたい。

単細胞生物を例にとると、細胞が生きて活動するには外部から栄養や酸素などの資源を取り込まねばならない。細胞が必要とする栄養や酸素などは細胞の体積に比例するが、それらを取り込む量は外界と接している細胞膜から取り入れるので、細胞の表面積に比例する。栄養や酸素などの細胞内の運搬手段は拡散に頼っているため、細胞が大きくなると効率が悪くなる。このため、細胞の大きさには限界がある。そこで生物は、単細胞生物から多細胞生物へ、そしてさらに恒温動物へと大きな体を獲得し、生存競争で有利になろうと進化してきた。

製品や機械も同じで、新たな機能を組み込むには、製品や機械のサイズを大きくする必要がある。新しい機器は最初スモールスタートするが、使われ続けるうちにたくさんの機能を詰め込むようになり、大型化する。

企業も同じだ。企業規模が大きくなれば経営資源も豊富になるので、競争上で有利になる。新たなイノベーションや新たな競合相手が現れても、経営資源が豊富であればそれに対応しやすくなる。だから、企業も優位になるために事業を拡大して大きくなろうとする。

大きくなる方法は、アメリカやEUはマーケット（アメリカの人口は約3億2千万人、EUは約5億1千万人、ユーロ圏でも約3億4万人）が大きいので、企業は国内や域内のマーケットでシェアを獲得することで巨大化を達成できる。だからグローバル化はその延長戦上で展開している。韓国企業は国内市場が小さいので（約5000万人）、最初からグローバル市場に狙いを定めた行動をする。

これに対して人口1億2千万人を擁する日本のマーケットは大きかった。その上、海外企業の日本への進出に対しても、日本語と日本文化の見えない壁で守られていた。このため日本企業は、巨大化するためにグローバルに打って出る前に、国内市場の争奪戦で大きくなった。その際、国内で複数事業を経営することで事業規模の拡大を図り、自然とコングロマリット経営になった。

その結果、色々な業種でグローバル上位10社の半数は日本企業が占めているが、その日系の5社は日本の1億人の需要を奪い合い、残りの海外5社が世界の70億人の需要を悠々と分け合っている構図となっている。例えば現在の日本の主要産業を見ると、自動車産業にはトヨタ、日産、ホンダなどの複数メーカーが、総合電気メーカーには日立と東芝が、家電メーカーにはパナソニックとソニーが、建機業界にはコマツと日立建機などのように、あらゆる市場で企業が並立している。企業規模がある程度大きくなると、経営の安定を求めて既に市場ができている違う事業に進出することで、企業規模の拡大を図ってきた。そのため日本企業は海外の企業と比べるとコングロマリット経営が多く、コード統一が難しい。

●原因その3　日本の雇用慣行

日本の企業はバブル崩壊後の20年間、事業の再編を続けてきた。その際に従業員の雇用をできるだけ守る雇用慣行（終身雇用）のため、結果として21世紀の日本企業は、企業の規模にかかわらずいくつもの事業を社内に抱えこんだコングロマリット経営になっている。

そして事業の移管をするたびに、その事業の業務システムも一緒に抱えこんできた。事業再編成の当初は仕方ないが、バブル崩壊後の経営の苦しい時代が続いたので、重複している業務システムの統廃合作業のために予算をつけない企業が多かった。そのため企業内に複数の業務システムが稼働し続ける状態になっている。

●原因その4　縦割りのコンピューターシステム

今日では経営にかかわる多くの情報をコンピューターシステムに依存している。しかし、それらの多くは部門別・機能別の縦割りの管理体制にある部門の要請に応じる形で、時々の状況に合わせて開発した縦割りの業務システムになっている。このため情報システム部門も、彼らが作った業務システムも、業務や組織の管理体制と同じく部分最適になっている。

このような情報システム部門は企業全体の整合性をとろうとはしないので、業務システム相互間に重複部分ができ、コードが統一されていないまま経営システムや業務システムが使われている。そのため業務システムを連携しなくてはならない時、業務システム間のインターフェース調整のために多大なコストが発生している。

このように実体組織上で起こっている問題点が、そっくりそのまま情報システムの上に持ち込まれ、企業内でコードが統一されていない状況になっている。また複数の異なる事業を複数の情報システムで運用し、統一した情報管理システムがない状態で経営していることが、後述するパッケージの適用も難しくしている。

だから、企業の改革の先兵であるべき情報システム部門が、自らも改革や合理化の対象になってしまっているという、笑うに笑えない状況になっている。

●原因その5　情報システム部門の位置づけ

日本には社内ITシステムの開発と運用を担当している情報システム部をサービス部門の一つと位置づけている企業が多い。このサービス部門との位置づけが、海外と比べて日本の情報システム部が受け身になりがちな原因の一つである。

銀行や証券などのサービス業ではITをビジネスの武器と位置付けているが、製造業では情報システム部門は設計や製造部門にサービスするコストセンターだとの位置づけになっている。製造業では「我社は材料を加工して売る業務がコア

事業であり、情報を扱っているわけでも、ITが製品を作っているわけでもない。コア業務がITによってスピードアップが図れるなど、サポートに役立てれば良い」というのが本音のようだ。

しかしすべての業務プロセスに情報システム部がかかわっている現在、情報システム部は経営に直接的に貢献しているはずだ。しかるに情報システム部門のトップから担当までが、経営に貢献しているという思いを持っていない企業が多い。

そのため経営革新や業務改革のための業務システムを開発する時に、**図表6-1**に示す手順を踏んでいる企業が多い。

① まず財務や資材、総務、営業などの主管部門の担当が、情報システム部の業務担当に改革したいことを記した業務仕様を伝える。
② 主管部門と情報システム部の共同で詰めた業務仕様に基づいて、情報システム部がITベンダーに業務システムの一部あるいはすべてを発注して開発する。

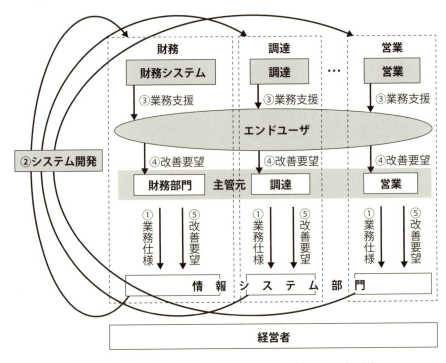

出典:「NTTドコモ リアルタイム・マネジメントへの挑戦」を参考に筆者が作成

図表6-1　通常の業務システムの開発サイクル

③開発した業務システムでエンドユーザーを支援する。
④エンドユーザーは業務システムに改善してもらいたい部分があれば、それを主管部門の業務担当に要望する。
⑤業務担当はエンドユーザーからの要望に基づいて、情報システム部に業務システムの改善を要望する。

　この手順の問題は、情報システム部がITの専門家（システム及びソフトウェアの専門家）として、個別の業務のシステム化を請け負うだけに留まっていることだ。情報システム部の仕事のやり方が、本来の目標である業務改革とはほど遠い、後ろ向きの状態に陥っているし、組織としても一つにまとまっていない。

　このようなやり方では、システム開発の予算を獲得するのは主管部門の担当になる。すると予算を確保するために、できるだけ少額の予算で済まそうとする。これは財務や経理部門からすれば結構なこととなる。するとどうしても部分最適にならざるを得なくなる。そのため、完成した業務システムはすでにコード統一が図られていない状態になっている。このため出来上がった業務システムに対して経営者は、「何だ、こんなこともできないのか」「こんなデータもとれないのか」と不信を募らせることになる。

　このようなサイクルに陥っている企業に、「ITを活用して何かやろう」とか、「IoTを活用して事業改革に取り組もう」と檄を飛ばしても徒労に終わるだけだ。システム開発の手順が悪循環になっているので、やればやるほどIT不良資産を積み上げることになる。

●原因その6　日本企業のソフトウェア開発文化

　日本企業は業務システムを開発する際にパッケージの適用ではなく、手作りが多いと言われている。筆者がそのことを実感したのは、日立グループ全体（海外のグループ会社も含む）の社内ITの責任者として従事した時だ。

　アメリカやヨーロッパやその他の国々を日本と比べると、売り上げ規模に占めるIT予算にさほどの違いはないが、IT要員の数は日本企業と比べて圧倒的に少なかった。そして何か新しいことをやろうとする際に、日本以外の国ではどのパッケージを使ったらよいのかを議論する。これに対して日本企業は、何とかして自分たちで実現できないか、難しければ機能を絞って外部に作らせるという姿勢だった。

　その結果、アメリカやヨーロッパなどの企業では、パッケージが普通に使われ

ている。「鶏が先か卵が先か」の議論は置いて、海外の企業では新たなシステムを導入するにしても、システム開発要員はいないし、そのための予算もない。しからばIT予算は何に使っているかというと、ハードウェアとパッケージに使っていた。パソコンなどは新しいものが多かった。

　日本以外の国ではIT人材の流動性が高いため、CIOは特定のIT要員に依存せずに業務システムを構築しようとする。これらが、日本以外の国ではパッケージをよく使う傾向に拍車をかけている。それを裏付けるデータを図表6-2に示す。このグラフは日本銀行ワーキングペーパーシリーズの「日米のソフトウェアタイプ別投資額」（2010年1月）から転載したものだ。

　図表6-2を見ると、アメリカのソフトウェア投資は、パッケージと受注ソフトと自社開発がバランスしている。これに対して日本のソフトウェア投資は、パッケージがきわめてわずかで、ほとんどが受注ソフトになっている（図表6-2参照）。

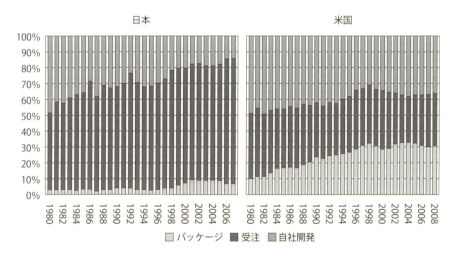

出典：「日本銀行ワーキングペーパーシリーズ、No.10-J-2（2010年1月）」から転載

図表6-2　日米のソフトウェアタイプ別投資構成額

　この図を逆に業務システムを構築する企業側から見ると、ITベンダー側の受注ソフトが大きいということは、外部のITベンダーへの依存が大きいということになる。

　この関係では、発注者側はできるだけ発注コストを抑制しようとするし、受注するITベンダー側も開発コストをできるだけ切り詰めようとする。このため発

注者側にコードの統一を是が非でもやらねばならないという強い意思がない限り、わざわざ顧客の既存の業務システムや全体の最適化のために、これから開発しようとしている業務システムの開発資源（時間やコスト）をかけて検討しようとはしない。その結果、コード統一がとれていない新たな業務システムが開発されやすくなる。

つまり日本企業はコード統一の観点からは、不利なソフトウェア開発文化となっている。これもコード統一されていない会社が多い理由の一つである。

●原因その7　ITシステムの不良資産の拡大

過去にも日本経済は何度も不況に突入した。その際に事業の再編を断行し、乗り切ってきた。だが当時は今と比べてIT資産はほとんど無いに等しかった。だから20世紀の日本企業はITシステムの不良資産で悩むことはそれほどなかった。

しかし、前述したバブル崩壊後の企業経営の経緯と手作りのシステムが多いことの弊害が重なり、20世紀後半から21世紀初頭の日本は、ITシステムの不良資産化を海外から指摘されるようになった。[注1]

ITシステムの不良資産という耳慣れない言葉から、古いハードウェアなどを工夫して使っている姿を連想する読者もいるだろうが、そうではない。森秀明氏は著書「IT不良資産」の中で、ITシステムの不良資産を次のように定義している。

- 不利用資産：ユーザーがほとんど利用していない業務システムのこと。例えば1年に1回しか使わないとか、ユーザーが数人程度しかいないような業務システムのこと。

注1）2003年にフォレスター・リサーチが「日本は、過去に構築したITシステムの運用・保守に予算の85％を費やしている」と指摘。また同年、ブーズアレン＆ハミルトンも「日本のITシステムのストックとフローの合計の21兆円の内、33％の7兆円もが不良資産だ」と断じた。

ボストン・コンサルティング・グループのプロジェクトマネジャー（2003年当時）の森秀明氏も著書「IT不良資産」（2003年）の中で「ハードウェアやソフトウェアなどのIT資本ストックの約30％、構築したシステムを維持するためにかかるIT費用の約50％が、すでに不良資産化している」と指摘。

経済産業省も「DXレポート〜ITシステム2025年の崖」（2018年9月）で、「日本企業のIT関連費用の80％は現行ビジネスの維持・運営に割り当てられている。この老朽システムが約7割の企業でデジタルトランスフォーメーション（Digital Transformation）の足かせになっている」と推計している。

・無価値資産：利用はされているが、その投資金額に見合った効果が生まれていない業務システムのこと。
・不必要な費用：上記の①や②の業務システムのハードウェアやソフトウェアを保守・運用するために費やしている費用のこと。
・削減可能な費用：余分な人件費をかけている。ITベンダーに高いオペレーションコストを払っている費用のこと。

　企業は通常、不利用資産や不必要な費用、削減可能な費用については、コスト削減をしている。だが、無価値資産に着目しての活動は、時間の経過とともに業務システムの効果の把握が疎かになるので、そのまま使い続ける傾向にある。不良資産化した業務システムはメンテナンス費用が予算化されづらく、他のシステムの改修時にも除外されて塩漬け状態になりやすく、システム全体としてのコード統一を乱す要因となっている。

　社内にITシステムの不良資産があればあるほど、それらの業務システム間ではコードが統一されていないという問題が発生している。この問題を解決するために、問題が顕著になった業務システムと業務システムとの間をつなぐため、新たなツールや業務システムを開発している会社もある。

　コード統一とIT不良資産の解消を同時に進めなくてはならないところが、日本企業の共通の悩みである。筆者も日立グループ全体のITの責任者として従事した時、まさにそのように感じた。それで日立グループ全体のコード統一と、それに伴う経営システムの刷新をした。これについては後述する。

3 海外企業のコード統一問題は

●会社の歴史

　アメリカをはじめとする海外企業は、日本企業に比べて歴史が浅い。私たちに馴染みのアップル、グーグル、アマゾン、マイクロソフト、フェイスブックは、現在時価総額の上位5社で今や世界を支配する「BIG5」とも言われている。この5社の社歴は平均28年と驚くほど若い。

　アメリカではこのように破壊的技術を携えた企業が次々に出てきて、しかもその成長がとてつもなく速いのが特徴である。一般的に社歴が浅いということは、縦割り組織の弊害が大きくなっていないので、日本の企業のようにコンピューターシステムのコードが統一されていないことで悩むことは少ない。

●当初からグローバルを目指す

　海外企業は創業間もない時期にグローバル化している企業が多い。このため縦割り組織の弊害が生まれる前に、グローバル展開の武器としてITを活用している。このため経営にとっては、情報システムがコード統一されているのは当然のことだと考えているので、コード統一の問題が発生しない。

　また海外に進出する企業は、常にROA（Return On Assets：総資本利益率）を向上させようとする。このROAは企業がどれだけの資本を用いて、どれだけの利益を獲得したかを示す指標なので、業務効率を向上しようという姿勢になる。そのためグローバルで標準化できるプロセスは極力標準化し、多くの国で通用するグローバル標準パッケージを導入する。パッケージ適用できない間接業務は、まとめてアウトソースするケースが多い。

　このように間接業務は当初から全体最適のために組織されるので、コード統一の問題で悩むことは少ない。

　これに対して日本企業は、「現地のことは現地に任せる」「事業のことは事業部に任せておけばよい」「本社は支援機能に徹して小さいほうがよい」という考え方が強く、国や地域ごと、事業ごとにプロセスが異なるケースが多い。

　このため、総合商社や複数事業型の製造業がグローバル展開する場合は、「地域」「プロセス」「事業」の3軸でグローバル最適化を考える必要があり、その道

のりは困難を伴う。これが日本企業の利益率の低さの原因の一つである。ただし、製薬会社や自動車会社などの単一事業型グローバル企業の場合は、比較的グローバル最適化を追求しやすい。

● パッケージ文化

アメリカの企業はITシステムの構築にあたっては、図表6-2の「日米のソフトウェアタイプ別投資構成額」で見たようにパッケージを積極的に活用している。

アメリカもヨーロッパも多様な民族が混在している多民族国家なので、文化も言葉も多様だ。さらにヨーロッパでは、それぞれの国の文化や法に対しての配慮が行き届いている。そのため、何をするにしても実行する前によく議論し、文書化して関係者に徹底することが行動の基本となっている。このことがパッケージの適用に拍車をかけている。

しかもアメリカの企業はITシステムの構築にあたって、パッケージを少しカスタマイズしただけで活用しているケースが多い。このためコスト的に安価なだけでなく、すぐにシステムが使えるし、IT人材も採用しやすい。

また、パッケージを多用する分、コード統一は日本と比べてとれやすい。

以上のように、アメリカをはじめとする海外の企業は、企業活動の中で自ずとコード統一が確保されている場合が多い。だからこの問題が大きくクローズアップされることはない。

コード統一を達成する手順

　一般的にコード統一の狙いは「経営情報の見える化」「基幹業務のグローバル化対応」「既存システムのマスター重複メンテナンスの回避」などの経営課題を解決するためである。しかるに日本では、このコード統一を実現していない企業がなんと多いことか。しかし上記の経営課題だけでなく、事業のIoT化を推進する際やAIを活用する場合には、コード統一は避けて通れない。

　コードの統一には、コードそのものとコードの持つ意味を統一し、統一された新たなコードを一元管理することが必要になる。コードの一元管理とは、そのコードが含まれるすべての経営リソースを一元管理することに他ならない。

　この経営のリソースには、顧客、従業員、組織、商品、製品、部品、資材、設備それに勘定科目など企業のあらゆるデータが含まれる。コードの統一には、コードそのものに加えこれらのデータの一元管理を行うことになるため、そのデータを使用しているシステムの改修が必要となり、加えて企業内部の各部門やデータを共有するすべての関連企業との調整を図らなければならず、コード統一による影響範囲は膨大なものになる。

　しからばどのような手順で、何処から進めれば好いのかについて以下に述べる。

●業務システムの実態把握

　何事も始める前にその実態の全貌を把握しなくてはならない。コードを統一するということは、すべての業務システムの実態を把握しなくてはならない。またコードの統一は一大事業になるので、現在の情報システムの問題点も一緒に洗い出さねばならない。

　洗い出しには次のような作業を事前に行う必要がある。

①現状のマスターファイル管理業務の洗い出し
②現状のデータベース構造の洗い出しと一覧表の作成（データベース構造概念図）
③現状のマスターファイルの一覧表の作成
④現状のマスターファイルの評価
⑤データクレンジング（正式名称、略称、通称、俗称、また重複など）の洗

い出し
⑥情報システムの問題点とニーズの一覧表の作成

これらを実施するには機能と責任境界・管轄の全体連携図が有効なので、これを次に紹介する。

●機能と責任境界・管轄の全体連携図（G-RD）

コード統一を実現するためには、企業内でマスターファイルと呼称されているすべてのファイルのデータ項目を洗い出さねばならない。

この時に注意しなければならないのは、同じマスターファイルの名称なのに内容が若干違っている場合や、マスターファイルをコピーして、少し手を加えて自部門専用に使っている場合などだ。これらはコード体系がずれているケースがあるので、取りあえず別マスターファイルとして扱うとよい。

マスターファイルの洗い出しを終えたら、マスターファイル間のデータの流れを把握する。

データの流れをグラフィカルに表現するデータフロー図（Data Flow Diagram、DFD）は1970年代後半に提案され、現在でも広く使われている。このDFDは外部エンティティからシステムへのデータの流れ、プロセスからプロセスへのデータの流れ方、そしてその論理ストレージの4つのシンボルを使用して、データがどこから来てどこに行くのか、どこに格納されるのかを示す記法だ。

DFDは自由度が高いため、主にシステム設計段階の初期に使われることが多いが、大規模システムでは以下に示すような限界があった。

①対象要素の組合せ数は、要素の二乗に比例して増えるため、簡便に記述しきれない。
②連携する要素と要素を結ぶ線の方向に規則がないため錯綜してスパゲティ状態になりやすい。
③矢印で連携内容の説明を追記すると図が見にくくなる。

DFDは自由度の高いことと上記の限界により、問題点の洗い出しなどには向かない。

データフロー図のメリットを残し、上記の欠点を克服するために開発されたのが、日立の業務改革計画技法「HIPLAN – MP」だ。これは業務改革の背景・目的（改革テーマ）を明確にし、テーマ実現のために取り組むべき課題を洗い出

し、業務システムを活用した課題の実現策を策定する技法である。これを改良した「機能と責任境界・管轄の全体連携図（G-RD：global relations diagram of function and demarcation）」を、早稲田大学の光國光七郎教授が考案した。

このG-RDの記法は、マトリクスの対角線上に要素を配置し、要素間の連携は二つの要素の行または列の交点に位置するように配置する。これにより、その交点の座標は発信元要素と受信元要素を同時に示すことになる。さらに連携の方向は行列交点の上下方向が発信、左右方向が受信と定める。これにより連携は反時計回りの一方通行で表現可能となり、線が不要になる。そのためDFDの欠点である腺が錯綜するという問題が解決し、同一表記法のまま詳細化することにより、階層ごとに表記法を変えるという煩雑さの問題も解決する（**図表6-3**参照）。

このG-RDの応用範囲は非常に幅広い。例えば事業構造改革、企業合併に伴う業務統合、コーポレート業務内容の見直し、企業の業務システムの全体像の把握などの際に、複雑な組織問題を解きほぐし、知識創造と合意形成に導く能力に優れている。またG-RDから、業務システム全体の「あるべき姿の実現」と「現状問題の改善」の両視点から課題を設定できることを次に説明する。

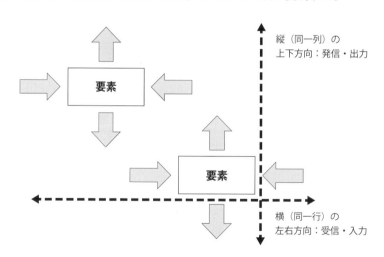

出典：「知識創造時代の事業構造改革　進化するBPR」を参考に筆者が作成

図表6-3　機能と責任境界・管轄の全体連携図（G-RD）の連携方向の規則

●業務システムの連携図による課題の抽出

機能と責任境界・管轄の全体連携図（G-RD）を用いて企業の業務システム全体図「業務システムの連携図」を作成する（**図表6-4**参照）。

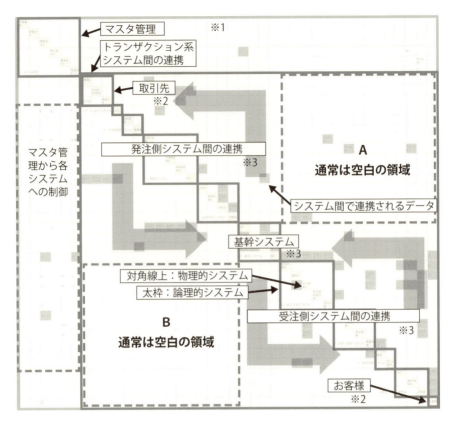

出典:「知識創造時代の事業構造改革　進化するBPR」」を参考に筆者が作成

図表6-4　業務システム間の連携全体図

　対角線上に配置された業務システムは、一番左上の「マスター管理」とそれ以外の「トランザクション系システム」に分ける（図中※1）。次にトランザクション系の一番右下に「顧客」を配置し、一番左上に「取引先」を配置する（図中※2）。その上で顧客側から取引先側へ順に受注系システム→基幹システム→発注系システムの順に、かつ反時計回りにデータが流れるように配置する（図中※3）。データの流れは図表6-4では太い矢印で示している。これにより右側に売上・受注を司るシステム、左側に原価・発注を司るシステム、そして中心に指図発行とBS／PLを管理する基幹系システムが配置される。
　つまり完成したG-RDは、縦軸も横軸も共に業務システムが並んだものになる。対角線上に配置された各システムは論理的に幾つかの領域に区分でき、各領

域間の情報連携は概ね領域の数だけ存在する。

　図表6-4には、情報連携のある箇所を塗りつぶしてインターフェース情報があることを示し、情報連携が存在しない箇所は空白にしている。この図から以下のようなものが読み取れる。

　例えば、図の左端を見ると、通常は空白でなければいけない箇所にインターフェース情報がある。これはコード統一の要であるデータベース（マスターファイル）が一元管理されていない証で、複数の事業をシステム統合せずに経営している可能性があることを示している。そのためこのような場合は、情報システム部門だけでなく、財務や調達などのスタッフ部門にも日々負荷がかかっていると推察できる。

　本来あるべきインターフェースがない場合は、業務システム間の連携ができていないことを示している。同一企業内で連携がないことはあり得ないので、これらの業務と業務の間は人手で処理していることになる。

　逆にあってはいけないところ（図表6-4の右上・左下部分「通常は空白の領域」）にインターフェースがある場合は、企業の基幹システムを介さずに業務システムと業務システムがデータの受け渡しをしていることを示している。

　図表6-4では、右上の「領域（図中A）」の中に塗りつぶした箇所がある。ここに情報連携があることから、基幹システムを経由せずに現場に発注指示や作業指示が出されていることがわかる。この業務システム群を運用していれば、決算の都度、スタッフ部門が大騒動して、人手でデータの補正作業などをしていることになる。このような状態の企業はリアルタイム経営とは程遠い状況なので、実態を把握できるまでの間（この手の企業では2から3カ月かかる）、山勘経営に陥っているはずだ。

　このようにG-RDを用いることで、現在稼働中のITシステムの診断ができる。G-RDの矛盾点を深堀すれば、企業が解決しなくてはならない課題（テーマ）を網羅的に浮き彫りにすることが可能になる。

● IT不良資産の抽出方法

　企業のIT投資は平均して売上高の1%～数%を占めている。パーセントでは直感が働かないので、売上高1000億円の企業を例に説明する。仮に売上の3%ほどを、ITへの投資や既存システムの運用コスト、保守コストに使っているとすると、年間30億円の支出になる。新しいシステムに対する投資する割合を約5分の

1で残りの5分の4が運用や保守に使われていれば、新規の投資部分が6億円、運用・保守に24億円となる。この24億円にもなる運用・保守コストの何割かが不良資産に対して使われるのならば、こんな無駄なことはない。

では具体的にどの業務システムがIT不良資産なのかを調べようとすると、とたんに行き詰まる。主管部門の業務担当も情報システム部門の担当も、自分の担当している業務システムが不良資産だとは一般には絶対に認めない。自分の担当している業務が会社の役に立っていると信じているからこそ、一所懸命作ってきたのだし、それを運用・保守しているのだ。

だが、それを不良資産だと納得させなくてはならない。その方法は、前述した森秀明氏の「IT不良資産の定義」に沿って「業務システムの評価図」を作成すると、客観的データで議論ができるので関係者の納得感を得られやすい（**図表6-5参照**）。

IT不良資産の洗い出しは業務システムごとに、開発時にかけたコストと開発してからの経過年、さらに現在の利用率を用いて行う。業務システムごとの開発時にかけたコストと開発してからの経過年を**図表6-5**の左図（a）に、開発してからの経過年と現在の利用率を右図（b）に示す。

すると、左図（a）では第一象限が、開発してからの年数が経っていてかつ開発コストもかかっていた（したがって運用・保守コストも高い）ので、不良資産の候補となる。同様に右図（b）では第四象限が、開発してからの年数が経っていてかつその利用率が低いので、不良資産の候補となる。

図表6-5では、A業務は左図（a）の第一象限にも、右図（b）の第四象限にも入っているので、不良資産である可能性が高い。C業務は開発したばかりなのに、利用率が低いため不良資産の可能性があるなどが読み取れる。

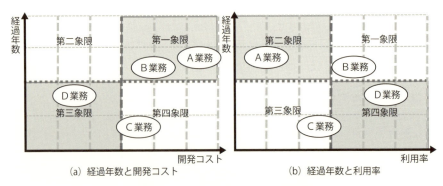

図表6-5　業務システムの評価図

また、業務システムは運用を始めた直後から、システムに対して何らかの手直しが始まる。その変化を経年で図示することにより、客観的な評価の見せる化が可能になる。このように業務システムの客観的な評価の見せる化を工夫することで、社内の関係部門との調整がしやすくなり、見直すべき業務システムのリストを作ることができる。
　次にやることは、このリストに従ってシステムの改修を始めることではない。まずあるべき姿を描き、その合意を経営層から得ることだ。

●情報システムは業務プロセスを固定化する

　企業が大きくなって部門が細分化すると、各部門に役割と目標が与えられる。するとその瞬間から、必ずどこかに利害の不一致が生じる。だがこれは仕方のないことだ。これを乗り越えるためには、この利害の不一致から目を背けずに、もう一段上の視点から全体最適を検討することだ。
　部門間をまたがる問題について検討を怠っていると、縦割り組織の弊害は深まり続ける。また部門間をまたがる問題は、個々の業務システムの基本部分にかかわる場合がある。こんな状態で業務の見直しや業務プロセスの改革をせずに業務システムを作っていたら、業務システムが改革・革新の足を引っ張る存在になってしまう。業務システムの再構築は業務改革と表裏一体・同時並行に進めなければ、開発が終了した時から不良資産化が始まることになる。
　目前のユーザーニーズは確かに大切だが、これだけを実現しようとする姿勢では、部分最適のわなに陥り、全体最適化からは遠ざかる一方で、身動きの取れない情報システムの山を築くことになる。情報システム部門は、「ユーザーニーズの実現」というサービス機能と、「全社最適の実現」という統括機能とのバランスが求められる。業務システムは、良くも悪くも業務プロセスを固定化する特性があるのだ。
　このため情報システム部門には、業務プロセスの最適化に対する概念や将来の方向性への理解・認識が必須である。そのためにはまず経営情報システムのあるべき姿を描くことだ。

●新データベースの設計 ― マスターファイルの統合

　次はいよいよ具体的な業務システムの改修計画とマスターファイルの統合のプロジェクトのスタートだ。これは海外に比べて遅れている状態からの脱却なので、新たな価値を生むものではない。だから短期間でコストをかけずに成し遂げ

なければならない。

　そのためには、図表6-4で明らかにした業務システムの実態とその課題と、図表6-5で洗い出したIT不良資産とから業務システムの改修リストを作る。そして改修候補の業務ごとに、パッケージを適用するのか、マイグレーションで改修するのか、一から作り直すのかなどの検討を行う。

　次にマスターファイルの統合順序を決める。図表6-5で明らかにした開発コストがかかっていて、かつ利用率の高い業務システムのマスターファイルは今後も使い続けた方が全体としてメリットがあるので、中心に据えるマスターファイルの候補となる。またよく使われている機能情報関連図とG-RD（機能と責任境界・管轄の全体連携図）から、どのマスターファイルを中心に統合を進めたらよいのかが見えてくる。

　これらの洗い出しを終えた後、作業の平準化と各業務の特性による時期を鑑みて、システム改修の計画書を作る。一般には基幹システムのマスターファイルを中心に据えると効率がよい。

● 経営基盤システムの設計・構築

　企業全体の最適化を目指すには、経営のシステムのあるべき姿を経営層に示す必要がある。そのために経営基盤システムの構想図を作成し、その概念を関係者全員に理解してもらう必要がある。

　経営基盤システムの構想図は、特定の一部門で作成することはできない。目標とする業務システムにかけるコストと期待する効果を主管元と一緒に議論して、全員で合意することから始める。ここでのポイントは、それぞれの主管元に効果の刈り取りの約束をしてもらうことだ。

　こうして作成した経営基盤システムの構想図を、役員を含めたスタッフ部門のトップやラインの代表者に理解してもらうことだ。そして以降の計画や業務システムの見直しは、この経営基盤システムの構想図を基に議論していくことだ。

　例えば開発した業務システムごとに、予算申請するときに約束した効果を、現在どこまで刈り取ったのか、今後の効果刈り取りの見通しについて毎年役員会議に報告する。この効果算定にあたっては主管元全員が一緒になり、算定根拠を査定する仕組みにし、効果については実質効果と見做し効果とを分けて報告する。当然かかったコストも開発後の運用コストも一緒に経営会議に報告するようにする。

　このように予算申請と前年度の開発結果、さらに今後の運用コストと刈り取り

効果などを毎年（毎期）報告することで、経営層のシステム開発への関与を強めるのだ。業務システムの改修時も同様の方式にする。

　こういう仕事の仕方に変更すると、業務担当者が「このようにした方が簡単で、安価に開発できる」と提案しても、他の業務担当者から「それでは私や他の部門のメリットが得られない」とか、情報システム部門の者からは「それでは長い目で見ると全体としてはコスト高になる、あるいは運用コストがかえって嵩む」などの意見が出て、自然と全体最適になるようにベクトルが働き出す。その結果、すべての業務システムが経営基盤システムの上に構築されるようになる。

　このように仕事の仕方を変更することで、コード統一を達成する雰囲気が徐々に会社全体に広まり、コード統一の維持がしやすくなる。

5 まとめ
―日本でIoT化やAI導入が進まない最大の要因

　自社製品のサービス化は、顧客に納入した商品の運用ノウハウの習得と商品に装着したセンサーから収集したデータの蓄積、そして、AIなどの活用により可能になる。このようなサービスを実現するには、企業内の各部門が同じデータ（情報）をリアルタイムに有効活用できることが必要である。

　またスマート工場を実現するためには、工場内のあらゆる工作機械や生産ラインなどに装着したセンサーから収集したデータで、それらの稼働状況を把握しなくてはならない。そのためには基幹システムなどのデータのコードを統一しておく必要がある。具体的には、生産現場からのデータ、営業からのデータ、設計のデータ、稼働中の機器や設備からのデータ、さらにはスタッフ部門が管理しているデータなどを企業全体で共用し、すべてのデータを経営者の視点で一つのデータベースとして整備・運用することだ。

　しかるに日本企業のほとんどは、コードの統一や基幹システムの統合ができていない。このことが欧米の先進企業と比べて、日本企業のIoT化やAIの取り組みが遅々として進まない原因で、IoT化やAIの導入後の成果の刈り取りができていない最大の原因だ。

　コード統一を達成するには、現状の情報システムの実態を把握し、どのような経営システムにするかのグランドデザインをまず描き、情報システムに対する投資と効果の把握に基づいた経営視点からのアプローチが大切である。

　現状の情報システムの実態の把握には、機能と責任境界・管轄の全体連携図やIT不良資産の抽出方法などを用いて、どこに問題があるのかを客観的に見える化し、関係者と議論することで、コード統一した新しいデータベースや経営基盤システムの設計・構築ができる手順を示した。

　コード統一は全社を巻き込む巨大プロジェクトになるため、プロジェクト期間は長期になり、投下する金額も巨額になるため、技術や方法論よりも企業内の政治力や組織の活用が重要になる。このためにコード統一プロジェクトには経営者が参画することと、プロジェクトの承認から終了まで長期間にわたって経営層を説得し続けることがポイントになる。これについては、続く第7章に具体例を詳述する。

COLUMN

コープの法則（Cope's rule）

　すべての秩序ある現象は、膨大な数の原子（あるいは分子）が、一緒になって行動する場合はじめて、その「平均」的なふるまいとして顕在化する。原子の「平均」的なふるまいは、統計学の法則に従い、その精度は関係する原子の数が増せば増すほど増大する。平均から離れて例外的なふるまいをする粒子の頻度は、平方根の法則（$\sqrt{n}$法則）と呼ばれるものに従う。つまり、100個の粒子があれば凡そ10個程度の粒子が平均から外れたふるまいをしていることが見出される。

　生命現象もすべては物理の法則に帰順するので、生命を構成する原子の絶え間のないランダムな熱運動（ブラウン運動や拡散）から免れることはできない。つまり細胞の内部は常に揺れ動いている。生命体が100万個の原子から構成されているとすれば、平均から外れる粒子数は1000個となる。すると誤差率は、1000÷100万＝0.1％となり、格段に下がる。実際の生命現象では、何億、何兆もの原子と分子が参画している。私たちの体は60兆個の細胞からなっていて、1個の細胞には160兆個もの分子からなっている。物理学者のシュレーディンガー（ノーベル物理学賞受賞）は「生命体が原子ひとつに比べてずっと大きい物理学上の理由がここにある」と指摘した。

　生物に着目すると、19世紀末のアメリカの古生物学者エドワード・ドリンカー・コープが「生物は系統発生の過程で体の大きさが小型から大型へ一定の限界まで増大する傾向がある」と提唱した（1880）。これをコープの法則と言う。もともとはゾウやウマなどの脊椎動物に認められた現象だったが、ヒトデやウニなどの無脊椎動物や植物についても同様なことが認められる。

　食べる動物と食べられる動物とでは、食べる動物のほうが一般的に大きな体である。環境が安定していると、体の大きいものが生きのびていくと、何世代にもわたり体は大きくなっていく。しかし絶滅のような大きな環境変化があるときには、世代交代の速い小さい種が生き残る。そして危機の去った後に、また体が大きくなる。

　地球上の生物は38億年前に誕生して以来、このようにして進化してきた。これらの結果から、現代の進化学ではコープの法則は限定的に当てはまると考えられている。

第7章
会社組織の壁を乗り越えるトップの巻き込み方

　第4章でIoT化を推進する場合に、6つの壁があること（図表4-1参照）を示し、それを乗り越える方法論を第5章、第6章で詳述した。IoT化の推進やAIの適用は、企業内部の調整や人的資源、資金面の調達など経営的視点での対応が必要であり、トップダウンで進めなくてはうまくいかないことは前述したが、ではどうすれば組織のトップから期待する指示を仰ぐことができるか。本章ではそれを明らかにしていく。

　コード統一などの巨大プロジェクトは、組織の全部門を巻き込み、すべての業務システムの改修や長期の運用制限をしなくてはならない。それに加え、関連企業を含めた組織間の協力を同時に得なければ解決できないことが多々発生する。

　また、巨大プロジェクトは企業のあらゆる部門が協力して数年もの歳月をかけて取り組むことになるし、投下する金額も巨額になる。このため、技術や方法論よりも企業内の政治力や組織の活用が重要になる。

　このため巨大プロジェクトはトップといつでも会話のできる経営者が参画することや、プロジェクトの承認から終了まで長期間にわたって、その活動内容を経営視点から「見える化」して、タイムリーに経営層を説得し続けることがポイントになる。

　本章では、巨大プロジェクトを成功に導いた事例を通して、トップを巻き込み方について述べる。

第7章　会社組織の壁を乗り越えるトップの巻き込み方

 経営視点での見える化

　経営者は情報システムに投資する際に、まず現状のITコストの実態とその効果がどの程度なのかを把握する必要がある。つまり、現状の情報システムの費用とその効果がどの程度で推移しているかを知らずして、次の投資の議論をすることは一般的に考えにくい。

　しかし、自社の経営状況を把握するために必要な業務システムや情報システムの構築、運用、保守を継続的に行い、ITコストなどの経営情報を常時取得して経営に活用できている企業は少ない。「ITコストなんて簡単にわかる」と考えている読者は、試しにITコストについて他社とベンチマークしてみると、これがどんなに大変かがわかるだろう。

●ITコストは把握が困難

　不況時でも企業のITコストは平均して売上高の1%〜数%を占めている。このITコストのやっかいな問題は、ITの費用項目が会計上細かく分類され、その勘定科目が会社間で統一されていないことだ。例えば、ハードウェアを購入すれば資産になるが、リースを利用していれば費用に計上され、アウトソーシングしている場合は外注費用になる。またソフトウェアは資産に計上されるが、それは年々積み上がっていくものなので、時間軸で見た場合、過去5年間に自分たちがソフトウェアにいくら投資し、帳簿上の価値が今いくらあるのかがわかりにくい。

　さらにアプリケーションの開発は、ほとんどの場合は人件費だから費用として計上するのが妥当だと思われるが、投資資産としてとらえる場合もある。また、システム企画費は投資として扱われる。この他にも、ハードウェア保守料、ソフトウェア保守料、ネットワーク使用料や回線使用料、情報システム部門の人件費などがあり、業務システム毎にこれらの費用を積算することは至難の業である。

　そのため、ITは先端技術の塊なのにITコストやIT投資については、売上高の1%などの売上高ITコスト率や売上高IT支出率での評価になっていて、費用対効果の分析が曖昧のまま言わば山勘経営になりがちである。

　筆者がある企業を診断した際に、古い業務システムをそのまま活用しているものがいくつかあった。それが原因で色々と課題が見つかったので、その改善案を

第2部　あなたの会社のIoT構築の進め方は　163

提案した。すると、「我が社は売上高に占めるIT投資が低いのでとてもよいシステムのはずだ」との反論に出くわした。

それで詳細に調べてみると、業務システムと業務システムの連携がシステム化されておらず、人手をかけてデータを再度入力してつないでいることがわかった。しかもその人件費はIT経費としては計上されずに、それぞれの業務部門の経費に紛れ込んでいた。

このようにベンチマークする上で、ITコスト計上のルールが一律でないと、何を比較して診断しているのかわからなくなる。これはベンチマークするときだけの問題ではない。自社のITコストやIT投資を診断する際に何らかの標準となるものを持っていないと、適切な判断ができなくなる。

●ITシステムの開発予算の一本化

前章で図表6-1を用いて説明したように、ITシステムの開発予算を主管元ごとに行うと、開発予算は縦割りになり、どうしても業務単位の部分最適化のわなから抜け出せなくなる。

歴史ある日本企業がこのわなから脱するためには、すべての業務システムの開発予算を情報システム部で纏めて獲得するように変えることだ。つまり開発提案と予算の獲得を情報システム部自らが、経営会議（役員会議）にかけるようにするのだ。こうすることで、情報システム部門の仕事のやり方が提案型に変わるし、経営者の関与も一本化できるので、全体最適のシステムを構築しやすくなる。

情報システム部は企業全体の業務とコンピューター技術を掌握できる立場なので、企業全体をめぐるデータの流れに基づいて抜本的な業務改善の内容を提案できる。そのためには、経営革新や業務改革のための組織に情報システム部門や主管部門を再編成し、併せて業務システムの開発や保守のサイクルを**図表7-1**に示す手順に変えることだ。

①エンドユーザーから主管元の各部門に改善要望を伝える。
②各部門は部門内での検討を行い、部門案としてシステム化の外部条件を情報システム部に提出し、併せて改善要望を業務改革委員会に提出する。
③情報システム部は業務システムの改善案と経営システムへの影響や開発コストなどを、主管元と協議した後に業務改革委員会に報告する。
④定期的に開催している業務改革委員会の場で、経営者は業務改善に向けた基本方針を業務改革委員会の委員長に指示する。

第 7 章　会社組織の壁を乗り越えるトップの巻き込み方

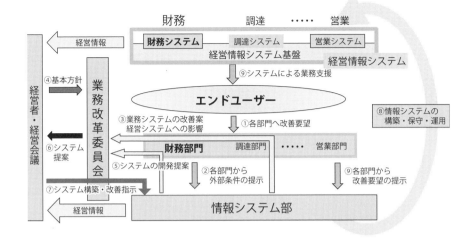

図表7-1　業務システムの開発サイクルのあるべき姿

⑤主管元と情報システム部は基本方針の下、議論した結果のシステム提案を業務改革委員会に提出する。

⑥業務改革委員会での議論を踏まえて、委員長は経営者にシステム開発の提案をする。

⑦経営者はその内容を吟味し、業務改革委員会を経由して情報システム部に情報システムの構築や改善指示を出す。

⑧情報システム部は、経営情報システム基盤上にそれぞれの業務システムを開発し、統合された経営情報システムを構築する。

⑨完成した経営情報システムは、それぞれの業務のエンドユーザーに供される（業務支援）。

　つまり前節の図表6-1のシステム開発の手順の①から⑤を、上記の①から⑨に変更する。これにより情報システム部は自ら提案したシステムの予算を確保してシステム開発に当たるようになる。こうすることで情報システム部のモチベーションは一挙に高まる。これが情報システムの開発サイクルのあるべき姿だ。
　このサイクルの変更を契機に、情報システム部は単なるシステム構築の請負にとどまらず、経営視点でのトータルの業務システムを提案していく集団に変わる。するとこれまでのような部分最適な業務システムではなく、自ずと全体最適を目指すシステムになり、自ずとコード統一の維持もできる。

●仕事のやり方をパッケージに合わせる

　コンピューターシステムが初めて企業に導入されたころは、非常に高価だったので、比較的容易に導入できて、かつ効果が誰にもはっきりと見える業務から導入を始めた。業務システムの仕様は、初めてコンピューター化するので、業務に精通した者の意見を尊重してシステム開発を進めた。

　それから半世紀を経て21世紀になると、システム化されていない業務はほぼ無くなった。必ずどこかで既にシステム化されている。だから知恵を寄せ集めれば、初めから全体最適、将来を見据えた業務システムの開発ができるようになっている。そのひとつがパッケージの活用だ。

　パッケージの適用を検討する際に、まず実施するのがフィット＆ギャップ（Fit＆Gap）分析だ。これはパッケージを利用する際に、パッケージが備える機能と業務の「適合部分（フィット）」および「かい離部分（ギャップ）」を調べる作業のことだ。[注1]

　例えば統合業務パッケージ（ERP）を導入する際は、開発作業に着手する前に数カ月ほどかけて、パッケージのカスタマイズや追加開発が必要な機能を洗い出すフィット＆ギャップ分析を実施する。欧米企業でもこのフィット＆ギャップ分析は実施するが、その後の取り組みが日本と異なっている。

　日本ではこれまで使い込んできた手作りのシステムとの違いがクローズアップされ、パッケージを自分たちの仕事のやり方に合わせようとする傾向が強い。このような背景から、日本企業ではパッケージを導入したが、結果はカスタマイズのお化けになっている企業が多くみられる。しかし、これではパッケージを導入した目的が半減する。そもそもパッケージを適用するのは、コストを抑制することと、企業グループで業務システムを標準化することだ。

　グローバル展開している企業の場合、日本独自の仕事のやり方を踏襲して日本では希望通りのシステムを開発しても、海外のグループ会社に日本のシステムを持ち込むことは、資本の論理を以ってしても不可能だ。海外のIT要員はキャリアアップにならない業務システムを学ぼうとはしないし、仕事をやりたがらない。最終的には日本と海外とで別の業務システムを使うことになる。これでは業

注1）業務の要件定義は自社の業務に合わせて必要な機能や仕組みなどを定義し、具体的な手法に落とし込んでいく。これに対してフィット＆ギャップ分析は、導入しようしているパッケージやオープンソースの機能に対して、自社の運用や業務内容とどこが合うのか、どこが合わないのかを分析する。

務システムの標準化はできず、日本でもパッケージに合わせた方がトータルでは安価だったことになる。

　そもそも組織は経営の一つの手段に過ぎない。組織は企業の創業時の社会的背景と事業特性、創業時の中心メンバーの考え、当時の技術に裏打ちされた結果で作られている。だから会社設立から数十年経過すると、破壊的イノベーションによって技術が大きく変わってきているし、経営者をはじめ従業員も入れ替わっている。だから組織を根本から見直さねばならない時期は必ず訪れる。

　日本の企業は欧米の企業に比べて長い歴史を持っている。長い歴史のある企業の従業員は、得てして「会社は永遠に続く」と思いがちになり、自らが属する部門（組織）も永遠に続くとの錯覚に陥りがちだ。また人は長年勤めた部門（組織）には特段の愛着を持つものだ。部門（組織）の中で仕事のやり方を学び、それに磨きをかけてきた者たちには、当然現在の仕事のやり方を変えることに強い抵抗を示す。

　だが冷静に考えれば部門（組織）や仕事のやり方は経営上の手段に過ぎない。経営者から従業員まで全員が、仕事のやり方をパッケージに合わせようと発想を変えねばグローバルでの競争に勝ち抜くことは難しい時代になっている。だからパッケージの選択と採用は、技術マターではなく経営視点で決めるべきである。

●まとめ

　経営者が自社の実態を把握して、適切な方向性と決断をタイムリーにすることが巨大プロジェクトの遂行には何よりも肝要である。よくある例が、パッケージを導入することは決断したが、どこまでの範囲かは明確に指示せずに、「利用する部門の意見をよく聞いて導入の範囲を決めるように」とか、「わが社の良いところは残して、パッケージをうまく活用するように」などと発言をして自身が出席する会議でもめないことを優先する経営者がいる。

　しかしこれでは、組織間の軋轢を調整しなくてはならないという最も大変な仕事が残るので、情報システム部門から見ると何も決めてくれないのと同じだ。こんな経営者をプロジェクトのトップにすれば、巨大プロジェクトは必ず失敗する。もっと細部にまで経営者は介入すべきである。

2 コード統一の実施例
― 日立製作所でのコード統一

　グループ経営では、本社（単体）および子会社の情報を一元管理し、「情報管理の効率化」「経営実態の見える化と意思決定支援」を実現しなくてはならない。しかし、グループ各社のコードがバラバラで、コードの統一化が困難だ、また、本社内でも業務システム毎にマスターファイルがあり、コードの相違やマスターファイルの重複メンテナンスが発生している、さらに日立グループで統一コードを制定しても、変換テーブルを含め管理しきれない、などの問題があり、コード体系の整備とコード管理が連結経営情報システム基盤を構築する上で大きな障害となっていた。

　これらを解決するためには、業務システム間に変換テーブルを作れば済むという意見もある。しかし、変換テーブル方式は一時的な逃げの対策で、将来この変換テーブルの内容を把握できる人がいなくなるので、逆に膨大なメンテナンス費用が発生する。連結経営情報システム基盤の各コンポーネントの重複メンテナンスを極力回避し、グループ会社の情報を円滑に活用できる環境を作ることが必要になる。

　以下に、このコード体系の整備とコード管理に取り組んだコード統一プロジェクトについて詳述する。

●巨大プロジェクトの立ち上げ

　企業が巨大なプロジェクトに失敗すると、経済的損失もさることながら、失った時間や機会損失が競争上の致命傷にもなりかねない。そのため巨大プロジェクトの立ち上げや進め方には、企業内の政治的な配慮が必要である。

　コード統一プロジェクトはまさにその巨大プロジェクトだ。コード統一プロジェクトはやり遂げるのに数年もかかり、予算は数十億円から数百億円にも達する。その上、コード統一プロジェクトは成功してもすぐには新たな価値を生まない。その効果はコード統一後から数年遅れて現れてくる。この間、莫大な投資だけが続くことになる。

　そのためCIOや情報システム部門のトップは、経営者にコード統一プロジェクトを提案することに二の足を踏みがちである。また提案を受けた経営者は、「そんなに金のかかるプロジェクトを今直ぐにしなければならないのか。プロ

ジェクトを立ち上げたとしても、自分の任期中は投資するだけで成果は得られない」という心境になり、決断を躊躇しがちになる。

　また経営会議で認可が下りたとしても、会社経営では何が起こるかは誰にもわからない。開発期間が長期になる巨大プロジェクトの宿命は、社会情勢による経営状況の変化で、計画が変わることも当然あることだ。だが、そのためにプロジェクトを中断すると、失敗プロジェクトの烙印を押されてしまい、プロジェクトの続行が危うくなる。また、それまでにかけたコストの回収も難しくなる。

　これを乗り越えるには、「成果の刈り取りの約束」と「毎年のROIを黒字にする」の2つを同時にクリアしなくてはならない。

　一つは、コード統一後に諸々の業務部門や事業部門で現れてくる価値を具体的に示して、その効果の刈り取り方法と刈り取りの責任者を決めることだ。そして経営会議には、業務の刈り取り責任者と情報システム部門とが揃って提案・報告する。その際のROI（return on investment：投資回収率）は2倍から3倍を一つの目安にするとよい。理由は、投資金額は膨らみがちだし、効果の刈り取りは思うようにはいかないからだ。だから、これくらいの計画がちょうどよい。

　二つは、コード統一の効果は遅れて現れてくるので、毎年効果の刈り取りが見込める複数の案件を抱き合わせた提案を、コード統一プロジェクトの終了まで続けることだ。このような工夫をして、毎年のROIが100％を超すようにするのだ。

　コード統一プロジェクト立ち上げ時にROIを黒字にすることは必須である。誰しも最初の出だしで成功すれば、「このプロジェクトは上手く行くかもしれない」から「上手く行きそうだ」そして「成功するだろう」と徐々に変化し、以後仕事がやりやすくなる。

　筆者が経験した日立のコード統一プロジェクトの7年間で、仕えた社長は4人、直属の上司である副社長は6人だった。トップが入れ替わっても、その時の社長以下の経営陣に、「コード統一は日立グループにとってやらねばならないこと」、さらに「コードを統一すれば利益が出そうだ」「今やるべきだ」と納得してもらわねばならない。これはとても骨の折れる仕事だが、この地道な努力無くしてインフラプロジェクトの成功はおぼつかない。

　筆者が担当した7年間で、リーマンショックで日立は未曽有の赤字に落ち込んだり、東日本大震災にも遭った。それでもこのコード統一は日立のためにやり切らねばならないと、歴代の社長から強力な支援と指導をいただけたこと、ならびに時々の役員たちに理解してもらえたこと、日立グループ企業にも理解してもら

えたことが、コード統一を成功に導いてくれた。

●コード統一プロジェクト

コード統一の進め方は、まず日立製作所から、それから完全子会社に、そしてグループの上場会社に、最後に海外のグループ会社への展開を考えた。日立の中でも出身の事業グループから始め、実績を積み上げてからと考えた。だがそれでは日立グループ全体への展開が完了するのに10年近くにかかることもなり、成功は難しい。

それでコード統一プロジェクトの目標を5年と定め、これまでの経営改革の取り組みでは前例のない、日立製作所と上場会社とから、同時に始めることにした。そのため上場会社の代表を最初からコード統一プロジェクトに参画してもらい、このメンバー会社は日立製作所と同時に進めることにした。そして実績を確認しつつ、残りの上場会社と完全子会社に、それと同時に海外のグループ会社にも展開する計画にした。

このコード統一プロジェクトを遂行するための組織として、社長直下に経営プロセス改革委員会を設立し、委員長に副社長、副委員長が筆者、そしてメンバーに上場会社の役員と、日立製作所からは営業や財務を始めとするスタッフ部門の役員やトップに参画してもらった。

当時、主だった上場会社には、日立金属、日立電線、日立化成、日立建機、日立キャピタル、日立ハイテクノロジーズ、日立国際電気、日立プラント、日立ソフトウェアエンジニアリング、日立情報、日立システムアンドサービス、他多数あった。これらすべての役員が参画すると大掛かりになり過ぎるので、代表として日立金属、日立建機、日立ハイテクノロジーズの3社に参加してもらった。

そして経営プロセス改革委員会の下に、コード統一の効果を刈り取る情報共有ガバナンス推進分科会と日立経営システムを開発する情報共有基盤構築分科会を設置した。前者のトップには財務担当の役員に就任してもらい、後者のトップには筆者が就任した。また前節で述べた業務改革委員会を情報共有基盤構築分科会の下に置いた。この体制と仕組みがコード統一プロジェクトの大きな推進力になった。

コード統一プロジェクトは以上のような体制でスタートした。問題はコード統一にかかる費用とその効果が、経営者や組織の責任者に見えにくいことだ。そのため、経営層にコード統一プロジェクトの成果報告と今後の投資計画の報告会を毎年行った。社長以下の主だった役員には、期単位や大きなイベントごとにも報

告した。こうして6年の歳月をかけて、ついに日立グループのコード統一を実現した。

このプロジェクトは規模の点でも投資金額の点でも、巨大プロジェクト故に発生するいろいろな問題が次々に起こった。しかしその都度、歴代の社長以下経営陣の理解と支援を得て、まず国内のグループ約350社（従業員約24万人）の従業員コードや得意先、取引先のコードなどから順次統一していった。

結果として6年の歳月をかけて実施した日立グループ全体のコード統一も、最初は途方もないプロジェクトのように思えたが、やり切った後の効果は絶大だった。

● 情報システム部門の位置づけの変更

社内ITを担当している情報システム部門の位置づけを、図表7-1に示した「情報システム部のあるべき姿」に近づけ、業務システムの開発・運用のプロセスを変更した。

具体的には、日立の本社の財務、資材、人事、総務、営業などの主管元が、従来は個別にIT化の予算を獲得して、情報システム部門に見積・開発・運用をサービスとしてやらせていたものを、逆に情報システム部門が日立グループ全体の最適の観点からIT化の予算を獲得して、主管元に提案する流れに変えた。

● コードの維持には専用の組織が必要

コード統一をどのように進めたのか、それをどう維持しているのかについては、例をあげて説明する。その具体例として得意先・取引先のコードの統一を取り上げる。

日立グループの得意先と取引先のコードは、調査すると驚くほどバラバラだったので、新たにコードを付番することにした。すると「国内は帝国データバンクのコードに合わせるのが簡単でよい。それよりも全世界の企業を統一基準でコード化しているダンズナンバー（D-U-N-S® Number : The Data Universal Numbering System）に合わせた方が得策だ」との意見が相次いだ。

しかし検討の結果、日立独自コードを採用することに決めた。主な理由は二つある。一つは、日立グループが取引している得意先がすべて網羅されていないこと。二つ目は、企業の統廃合はかなりの頻度で発生するが、帝国データバンクもダンズナンバーもそれをフォローしてくれないこと。

また、営業の第一線では会社設立の前から営業活動を始めている。その時にも

顧客番号が必要になる。調達や経理部門では会社が廃業されても、その残処理の間、顧客番号が必要になる。さらに統廃合された場合、新しい顧客番号に引き継ぐのか、従来の番号を使い続けるのかは、その時々の判断で変わる。

これらのことから、日立独自コードを採用することに決め、帝国データバンクとダンズナンバーにリンクすることで、そのデータベースの内容を参照できるようにした。

次に行うのは、新しい得意先・取引先コードに、各社の得意先・取引先データベースを名寄せする作業だ。この作業では取引先名がキーになるが、各社の各部門がそれぞれ独自の略称や通称、俗称を多用しているし、重複データなどもある。

例えば日立内では、日立グループの会社名は通常は略称で呼んでいる。グループ各社は自身の顧客も競合相手も略称で呼んでいる。この略称がそのままデータベースの取引先名になっているケースが山のようにあった。あるいは正式名称を書き間違えているケースも多数ある。

これらを力業で解決して行かなければならないが、どうすれば効率よく行えるか。この作業は日立社内の事情やグループ各社の業界に通じている知見がものを言う。したがって各事業部門からベテランの管理職に参加してもらい、彼らを中心にこの泥臭いクレンジング作業を進め、得意先と取引先を一緒に管理する企業マスターを完成させた。

コードを統一してもその内容の鮮度を維持するには組織が必要になる。それで今回クレンジングをしてもらったメンバーを中心に、マスターデータを管理する部署を設立した。この部署がマスターデータの管理やデータの変更権限などの運用ルールの整備、マスターデータに関する諸々のことを実行できる体制にした。この部署の必要性を具体例で説明する。

企業マスターを用いた業務システムの運用を始めると、データベースに登録されていない新たな顧客や取引先が発生する。その時には新たな企業番号を付与しなくてはならない。新たな番号の付与にあたっては、それが本当に新たな企業であることをチェックしなくてはならない。そうでないと、同じ企業に別の番号を付与することになり、コード統一した成果を享受できなくなる。

営業の第一線からは、すでに顧客コードが付番されているのなら、その番号を即座に教えてもらいたいし、ないのであれば速やかに仮の番号を付与してもらい

たい。この仮番号の回答は最大でも日をまたいでは困ると言われた。

これに対応するためには、企業マスターを管理する常設の組織が必要になる。この部署を設けて速やかに回答する体制を構築した結果、オンラインでの企業番号の即時回答率は99％に達し、仮番号の付与も日をまたぐことはなくなった。

● 成果

6年にも及んだコード統一プロジェクトは、納期の遅延は若干あったものの、すべて達成することができた。この長期のプロジェクトを支えたのは、社長以下の経営層の理解を得たことと、毎年のROI（投資と効果）を黒字にしてきたことが大きい。この成果をすべて報告するわけにはいかないが、読者の参考になればとそのさわりをお伝えする。

経営システムの基盤ができたことにより、筋肉質の経営ができるようになった。具体的には経営情報の見える化が迅速にできるようになった。日立グループの「情報の見える化の対象」は、10セグメント×5地域×5万顧客だ。これを支える日立の企業マスターに登録されている企業コードは、現在60万件を超す。

統一した管理コードは、グループ共通の人財、企業、勘定科目、購買品類、事業部門や子会社単位の商品・製品、部品と多岐にわたり、今やこれらは日立グループのインフラになっている。

コード統一プロジェクトを立ち上げる前は、日立グループのITシステムは、グループ各社、事業部門でバラバラだった。しかしプロジェクト完了後は、ITガバナンスが海外にまで及ぶようになった。またそれまで各社でばらばらだったネットワークを、日立グローバルネットワークとして統合した。サーバーも国内の拠点、海外の拠点サーバーへの集約をした。併せて前述したITセキュリティの強化も図った。

経営システムの品質は、とても満足のいくものではなかったが、経営システムを刷新したことにより、経営システムの障害件数は30分の1ほどに減少した。また数十Mstepにも達していた経営システムは、コードを統一して刷新した結果、4分の3の規模にまで減少できた。また日立グループで共用する業務システムは4倍にもなった。

以上の結果、日立グループで毎年1000億円を優に超えていたITコストは、毎年、10％以上の低減を実現できた。

3 日立システムズでの経営システムの統合

　筆者は2012年、日立システムズの専務取締役に就任した。日立システムズは2011年秋に、日立の大きなグループ会社2つを合併して設立したばかりの会社（従業員は連結で1万6千人）だった。

　設立時の日立システムズのITシステムは、合併した二つの会社で過去に再編していた会社のシステム統合が完了しておらず、4つのシステムが稼働していて複数のコードが混在していた。そのため、スタッフ部門をはじめ様々な部署で、業務システムをつなぐための作業を強いられていた。

　それで「日立システムズとしてすべてのコードを統一した経営システムにしよう」と決意した。当時の日立は傘下の約900社を幾つかのグループに分けての経営していた。日立システムズはその中の一つ情報・通信グループに属していた。それで、コード統一の取り組みは、日立製作所のITの方針、さらには日立システムズが属している情報・通信グループの方針の下に行うことを基本に据えた。

　具体的には、日立グループで統一されたコード体系をベースに、日立システムズ傘下のグループ会社を含めて、すべてのコードを統一した経営システムに刷新する。さらに情報グループでの共通施策はすべて取り込み、情報グループとしての一体経営ができるようにする。

　以下に日立システムズでのこれらの取り組みを紹介する。

● 目標の設定

　4つの会社のシステムが統合されずに稼働しているので、経営システムの規模が数十Mstepにもなっていた。そのため、この保守に携わるIT技術者も数百人もいた。そこでコードを統一し、併せて経営システムを刷新し、同時に経営システムの規模とIT技術者とを半減する。これらを2年で実現する計画を立案した。

　併せて従業員の利便性を向上するためにスマートデバイスを配布したいと考えた。この費用を捻出するためにIT機器の棚卸をした結果、従業員（派遣社員を含めて）一人当たり2.3台になっていたパソコンの台数を適正化する。その際にパソコンをすべてシンクライアントに切り替えることにした。またサーバーも分散して多数あったので、これを集約して5分の1（約80％削減）にすることで、スマートデバイス配布の費用を捻出することにした。

この中で一番の難題は、経営システムの規模とIT技術者の半減だ。その手法は前章の「コード統一を確保する手順」の通りに進めた。

●業務システムの連携図による課題の抽出

業務の実態調査には、まず前述した機能と責任境界・管轄の全体連携図（G-RD）を作成し、この図と主管元や情報システム部門の担当者に提出してもらった問題点や改善点などのレポートとを突き合わせることで行った。G-RDによって業務システムの論理的な構成が定義できるので、問題点や改善点などのレポートの真の意味を理解するのに役立った。また、「具体的にどのシステムのどの情報連携が統合しなければならないのか」を特定し、網羅的に課題を洗い出せた（**図表6-5**参照）。

例えば、図表6-5の右上・左下部分は空白の領域でなくてはならないのに、ここにインターフェースがある。これは合併したひとつの会社にERPが導入されておらず、システムがスパゲティ状態でマスターファイルもいろいろなところで連携せざるを得ない状況だった。また図表6-5の右上の領域（図中A）の中に塗りつぶした箇所があるので、ここに情報連携があることがわかる。実際は基幹システムを経由せずに現場に作業指示が出されていた。そのため別の業務システムで基幹システムにその情報を手入力していたのだ。

図表6-5をブレークダウンすると、より細かに事がわかってくる。図表6-5からは直接は読み取れないが、例えば日立製作所の本社とは会計、調達、人事の業務システムと関係しているとか、情報グループの業務システムとは受注・手配と多くのテーマで関係していて、そのカバー範囲が広いことなどがわかった。このことから、日立システムズの経営システムの刷新は、情報グループの業務システムとの統合がキーポイントになることがわかる。

このことは日立システムズ固有の問題ではなく、売上高2兆円の情報グループの傘下の会社すべてにも言えることだ。それで、これまで情報グループ本体と傘下の会社ごとで運営していたIT部門の一体運営をすることで効率向上が図らねばならないと考えた。

このような多くの課題を抱えた経営システムを従業員が1万6千人にもなる日立システムズとして放置しておけない。このままでは日立グループのお荷物会社になってしまう。今後も継続するグループ再編にタイムリーにITシステムが追随するためには、日立システムズグループとして全社統一のERP導入とコード統一の採用は必須であり、これによって初めて経営者は安心して事業の再編やタ

イムリーな判断ができるようになる。

　紙面の都合で細部の説明まではできないが、以上のように業務システム間のG-RDを整理することにより、経営システム刷新の課題をもれなく抽出することができた。

●IT不良資産の洗い出し

　IT不良資産の洗い出しには、前節で説明した「業務システムの評価図（**図表6-6参照**）」を用いた。その結果、ほとんど活用されていない業務システムや稼働後10年以上たっている業務システムが洗い出せた。

　これらの業務システムをどうすべきかについて、業務システムの評価図を関係者一同で議論することにより、利用者が極端に少ない業務システムは破棄する。パッケージの活用ができる業務システムはパッケージを積極的に活用する。情報グループとのシステムの関連が深いことがわかったので、情報グループの業務システムをパッケージと見做して取り組むことを基本とした。

　また独自の業務システムで、どうしてもパッケージに馴染まない業務システムはマイグレーション技術を用いて、再構築することにした。

　以上の結果、当初の目標とおり経営システムは半減できた。

●仕事のやり方をパッケージに合わせる

　前述した情報グループの受注・手配の業務システム（約200個のプロセス）をフィット＆ギャップ分析すると、マスターファイルは100％合わせてもフィット率は2分の1にしかならず、パッケージとして導入できるレベルではなかった。

　業務システムのフィットで一番問題になるのは組織の名称とタスクだ。そこで組織（組織名称と仕事の内容）を情報グループに合わせると、フィット率は3分の2まで高まることがわかった。次に、日立システムズにとっては必要だが情報グループにはない機能については、他の情報グループの傘下の会社でもその機能が必要と判断した場合には、日立システムズの業務システムを情報グループの業務システムに組み入れると、どれほどの効果があるのかを調査した。

　その結果、情報グループの受注・手配の業務システムを日立システムズに導入する際のフィット率は8分の7まで高まり、その費用は当初見積もりよりも10数億円も削減できる見通しを得た。情報グループ全体ではこの効果がさらに高まることは容易に想像できるだろう。

　この効果を見える化して、日立製作所情報グループの役員に、日立システムズ

の社長以下の役員に、さらに他のグループ会社の社長以下の役員に行脚し、情報グループの組織名称と仕事の内容を統一することにした。これらがスムーズに行えたのは、前述した情報グループのIT部門を一体運営していたことも大きい。

ここまで合致すると、残りのギャップ部分は汎用パッケージの適用か、マイグレーション技術を用いて再構築するか、規模の小さなものは新規に開発することにした。他の業務システムについても、同様の考えで経営システムの刷新を進めた。

以上の結果、経営システムの開発は1年半で完了し、当初の見積もりに対して開発コストも3分の1以下になった。

日立システムズがこのような方針で取り組んだため、情報グループの他の会社も同じ方針を採用するようになり、情報グループの経営システムは一本化できる見通しを得た。

●成果

日立システムズの情報システム部門の位置づけを、日立製作所で実施したのと同じ方式、すなわち情報システムの開発サイクルを図表7-1に示すように変更し、業務システムの開発予算を一本化した。これにより当初立てた目標は、次の通り2年ですべて達成した。

- 経営システムの規模の半減は、おおむね達成できた。
- 得意先コードが3種類と取引先コードが5種類あったが、これを一つの企業マスターに集約するなど、すべてのコードを統一した。
- IT要員の規模は半減を目標としたが、結果は目標を過達した。この理由は、コード統一できたことにより一人のIT技術者が受け持つ業務システムの規模は倍以上になり、業務システムの保守効率が上がったためである。
- 今回のスリム化で捻出されたIT技術者を事業部門に異動させることで、現場の強化につながった。
- パソコンやサーバーの削減も、計画した台数以上達成できた。
- スマートデバイスの配布も営業職他、外回りの技術者全員に配布できた。

成果は上に記載したコストの低減だけでなく、その後の日立システムズの構造改革や業務革新を支える礎となった。

さらに筆者が退職した後も、販売管理費の継続的な低減などの他、2016年度からのAIによるデジタライゼーションのスタートを切れたことも、その成果のひとつである。

4 まとめ
―情報システム部門の社内での位置づけを変える

　巨大プロジェクトは、プロジェクトの期間は長期になるし、投下する金額も巨額になるため、技術や方法論よりも企業内の政治力や適切な組織運営が重要になる。このために巨大プロジェクトには経営者が参画することと、プロジェクトの承認から終了までの全期間を通して経営層を説得し続けることが肝要になる。

　コード統一などの全社を巻き込む巨大プロジェクトは、企画から営業、設計、生産技術、品証、財務、調達、情報システムなど全社の各組織を纏める経営者をトップに据えた体制と、経営者からの指示を展開する専門組織が不可欠である。これを限定された組織、例えば情報システム部門に全社を巻き込んだプロジェクトの推進を長期間にわたって任せると、途中で空中分解することは必至である。

　また、経営者からの指示を展開する組織には、プロジェクトを推進するための権限を付与しなければならない。その上で、情報システムに対する巨大な投資を効率よく行うために業務システムの開発予算の一本化が大切である。その中心となる情報システム部門の位置づけを変更しなくてはならない。

　そして大事なことは、提案したことが経営層にとって何が嬉しいことなのか、販売増はどの程度期待できるのか、販売管理費はどれほど下がるのか、あるいは経営のスピードが上がるなどを数値で「見える化」することだ。そのためは予算に基づいた開発結果と約束した効果の刈り取り結果、さらに今後の運用コストと今後の効果の見通しとを、経営層に定期的に報告することだ。

　そのためにはプロジェクトリーダー（経営者）の下で、目標とする業務システムにかけるコストと期待される効果を主管元全員で合意することだ。そして効果の刈り取りをそれぞれの主管元に約束をしてもらう。また刈り取った効果は、主管元全員で算定根拠を査定する仕組みにし、成果の信頼度を高める。こうすることで、長期にわたるプロジェクトでも常に経営層の理解を得ることができ、コード統一などの巨大プロジェクトを成功に導くことができる。

　また、情報システム部門の組織の位置づけを変更して業務システムの開発予算を纏めるようにすることで、情報システム部門は何事に対しても積極的になり、これまで欠如していた他部門との信頼関係を確立することができる。また自ら提案したシステムを自らの手でつくり上げることになるため、モチベーションを高めることもできる。

こうなると情報システム部門が単なるシステム構築の請負にとどまらずに、経営者への提案からシステム構築のプロデュースまでのトータルの業務を推進していく集団に変身することが期待できるし、事業のIoT化やAIの活用などの動きが活発になり、その成果を享受できるようになる。

　しかし、ここが目標ではない。これでやっとグローバル企業と肩を並べる情報システムを持つことができたに過ぎないのだ。

第3部

日本型IoTビジネスモデルへの幾つかの提言

現在、日本企業の、IoT化はどこまで進んでいるのか。IoT化が思うように進んでいない企業があるとすれば何が壁となって立ちふさがっているのか。この課題に対してIoT化における隘路や壁となる内的・外的要因などを明らかにし、同時にその対応方法の考え方や具体的な突破口をまとめることで、経営者や組織の部門長、企画立案者が現在の事業にIoTを適用する際の指針として活用できるものにしたいと思い、本書を執筆した。

　そこでまず事業のIoT化の目的は、「製品の販売」から「サービスの提供」への転換であり、無駄の一切ない高効率な工場の実現であることを、日本企業のIoT化の事例からも示し、その事例からIoTの活用が様々な分野で着々と進んでいることを示した。

　しかし海外と比較した場合、日本企業は事業のIoT化によって経営的にはまだ大きな成果を得るところには至っていない。その原因として、IoT化を阻む6つの壁の存在を明らかにし、中でも、サイバー攻撃に対処するセキュリティ問題や基幹システムを含めたコード統一の問題が主たる原因であることを示した。

　そしてIoT化を阻む大きな壁であるセキュリティ問題については、その実情を示した上で、サイバー攻撃をただ恐れるのではなく、実社会と同じように「万が一の事態への備える」ための解決策を示した。加えて、IoT化を推進するにあたって最大の壁として立ちはだかっているコード統一問題についてもその実態とその打開策を示し、対策には経営者が先頭に立って取り組まねばならないことを示した。

　また、これらの問題を解決してはじめてグローバル企業と肩を並べることができ、事業のIoT化やAIなどの活用の成果を享受できるようになること、IoTの活用が製造業のみでなく多くの業種で可能なこと、IoTの未来は経営者の発想によって創造されることを示した。本書が「あなたの会社の「モノ」から「コト」への転換」のチャレンジに参考になれば幸いである。

　本書を終えるにあたり、いくつかの提言をしたい。

提言1　IoT化はあなたの会社を進化させる
　　　　　環境は整いつつある　あとやるだけ！

●IoTは様々な業種で活用可能（競争の土俵に乗る）

　新しい技術が世の中に出たときには、しばらく同業他社の様子を見て、成功事例を参考にその技術を効率よく取り込めばよい場合がこれまでは多々あった。しかし同業他社がIoTを活用する様子を見てからと考えていては、この世界的な大競争に後れを取る。競合相手は同業他社とは限らない。従来の待ちの姿勢では、他社が先に競争優位を築くことになり、気付いたころにはもう追いつけなくなって、遠からず競争力が落ちて回復不能になる。

　理由の一つは、IoTの活用が一般化するにしたがって、新規参入や代替品の登場が容易になることだ。例えば、機器メーカーがIoTを活用して保守サービスビジネスへ参入する。IoTの活用で生産性や品質の向上を武器に他業界から農業や漁業に参入する。センサーやモバイル端末を活用したシェアリングビジネスが台頭しているといった事例がすでにある。またコマツのように建機にIoTを活用して新たなサービスを開発して既存顧客を囲い込み、新規参入のハードルを上げる事例もある。

　GEの製品は、航空機エンジンや医療用機器のように高額で高品質なものばかりで、しかも同業他社も世界で限られている。だからIoTを利用したサービス化は、価格競争に巻き込まれにくい。このような製品をつくっている企業は、GEと同様の戦略が有効だろう。

　しかし事務機器のように比較的安価な製品は、プレイヤーも多くすぐに追随される。コピー機を例にとると、メーカーすべてが同じようなサービスを始めると価格競争になる。それでリコーはIoTを使って保守サービスを効率化し、2020年度に国内外の複写機の主要機種でサービスエンジニアの顧客訪問件数を現在の半分に削減すると表明した（2017年6月）。するとキヤノンも複合機から収集した稼働情報を様々な顧客サービスへと転換するIoTソリューションを表明した。

　このように、機器や設備もIoTを活用してサービスを目指す企業が次々と出てくる。競争の場が製品そのものからサービスに移っていくのだ。

提言1　IoT化はあなたの会社を進化させる　環境は整いつつある　あとやるだけ！

●目に見える「もの」と見えない「もの」

　ソニーのウォークマンは、ユーザーに対して「どこでも気軽に音楽を楽しめる」という画期的なユーザー体験を提供するもので、それが支持された。しかしウォークマンとそれに続くiPodやiPhoneとを比べると性質がまったく違うことに気付く。この違いが「ものづくり」に対する感覚の違いを現している。
　iPhoneは特定機能を提供するための「物」ではなくて、ユーザーの使い方次第で多くの利便性を提供する特殊な「モノ」になっている。例えば音楽を聴く利便性はハードウェアだけで提供されるものではなく、iTunesというソフトウェア、iTunesStoreなどのWebサービス、膨大な数のアプリとそれを支えるエコシステムによってユーザーに提供されている。それは単純な物理的製品である「物づくり」の感覚では構築できない。そういう感覚で製品をデザインしている限りはアップルのような製品の展開はできない。
　今後は世界と戦うために、目に見えるハードウェアやデザイン（形状）などと、見えないソフトウェアや使い易さなどのサービス機能の両方を設計できる二刀流の技術者を育成しなくてはならない。日本の製造業では、ハードウェア部門が優位に立っている傾向がある。企業はこの二つの部門の技術者の融合を早急にはかるべきである。

●IoTによりすべてが変わる

　このウォークマンにiPodやiPhoneがとって代わった現象が、日本が得意としてきた製造物すべてに起きようとしている。産業用IoTは、これまで提供してきた製品にソフトウェアを付加してユーザーの利便性を高める動きだ。iPhoneをメタファにすると、iTunesにかわるビッグデータとAIツール、iTunesStoreにかわるアプリケーションなどのクラウドサービスだ。
　アップルは自社でハードウェアもソフトウェアも作る技術を持っているから、トータルで非常にレベルの高い製品を作ることができる。同様に産業用IoTの世界を制するには、ハードウェアにもソフトウェアにも強い企業でなければならない。これからはソフトウェアの果たす役割が非常に大きくなる。ソフトウェアをデザインする能力が高いか低いかで、製品の品質が大きく変わってくる。
　日本の企業は、ハードウェア作りは得意だが、ソフトウェアデザインは苦手だ。それならIT企業と提携してと思っても、日本のIT業界を見回しても、世界市場で勝負できるソフトウェアメーカーが日本にどれだけあるか。

しかしいたずらに悲観することはない。各社の創業時を思い起こしてほしい。彼らは何もないところからチャレンジして、今日の礎を築いたのだ。それが現在、高等教育を受けたたくさんの従業員に恵まれ、社会的な信用もあり、IoT化の処方箋もある。だから、できないわけはない、やろうとしていないだけなのだ。

●安価で高品質のIoT環境の登場

　IoT化の環境は整いつつある。具体的には各種センサーが安価になってきたこと、膨大な情報量を捌く高速通信（5G）の実用が始まろうとしていること、消費電力を抑えて遠距離通信を実現する通信方式LPWA（Low Power Wide Area）が登場してきたことなどだ。これらにより、IoTを活用する環境は整いつつある。

　5Gは、毎秒10ギガ（ギガは10億）ビットの通信速度で、これは2時間の映画を3秒でダウンロードできる能力がある。また、これまでの数十ミリ秒だった通信の遅延を1ミリ秒にまで縮める「超低遅延性」が実現するので、工場での各種制御に適用できるようになる。無線でも遅延が1ミリ秒なので、トヨタやキヤノンを先頭にスマート工場が実現すると言われている。

　低価格IoT通信のLPWA（Low Power Wide Area）が実現されたことにより、農業や林業、漁業などでIoTの適用が始まっている。またパナソニックは、LPWAの一種であるB-IoT（Narrow Band-IoT）技術を用いて常時接続IoT家電の実証実験を行うと発表した。これはインターネットプロトコルを使わないため、IoTデバイスを狙った悪意のある攻撃を受けるリスクが低くなる。また、インターネット回線のない家庭に対しても、家電をクラウド接続したサービスを提供できるという。

　さらに、ソニーのLPWA技術を使った「ELTRES」が欧州電気通信標準化機構「European Telecommunications Standards Institute」から国際標準規格に採択された。特徴は100 km以上の長距離通信、時速100 km以上の高速移動体通信、コイン電池1個で動作可能の特徴をもつという。ソニーは、まだ東京に限定しているが、月額1000円で3カ月間、プレサービスを開始すると発表した（2018年9月28日）。

●スマート化によるITエンジニアの育成

　この時のネックはITエンジニアだ。これまで日本企業は、ITのユーザーであり続けた。スマート工場だけでなく、すべての業務がITで処理されるようにな

るので、企業の中核人材としてITエンジニアを抱えなくては生き残れなくなる。

ガートナージャパンは2017年1月、2017年以降のIT人材に関する展望を発表した。それによると、2020年末までに、日本のIT人材は30万人以上の不足に陥る。オフショアリングを実施する日本のIT部門の50％は、コスト削減ではなく人材確保を目的とするのだという。

IoT化の環境は整ってきた現在、競争の源泉はITエンジニアに、そしてデータサイエンティストになる。製造業は中小企業も含めて直ちにスマート工場化に着手すべきである。そこでITエンジニアやデータサイエンティストを養成していくのだ。これまでのように事務処理だけをするITではなく、ITが業務そのものになっていくのだから、すべてITベンダーにお任せという時代は過ぎ去った。これらの人材の不足は深刻になるので、製造業だけでなく、農業や流通、金融を含め、全産業でスマート化に着手すべきだ。

●IoT化の検討は新たな事業の発見や経営の見える化に貢献

日本企業のIoTの活用は着々と進んではいるが、経営的にはまだ大きな成果を得るところには至っていない。その主要な原因はサイバー攻撃に対処するセキュリティ問題であり、企業の情報システムのデータ連携の問題（コード統一）であり、これらの問題への対処法だ。経営者やIoTの責任者は、本書を参考にぜひIoT化に取り組んでほしい。

このような抜本的な取り組みには、時には想定していなかった発見や、付帯的な効果が生まれるケースが往々にしてある。IoTの場合にもデータが蓄積され、業務データも横串で活用できるようになれば、これまではできなかった様々な角度からの分析が可能となり、想定外の領域においても成果が出てくるはずである。さらに新しいビジネスの立上げにつながる可能性も生まれる。こうなるためには、進捗に合わせた報告と成果の刈り取り報告が、何よりも重要である。

スイスの国際経営開発研究所（IMD）が発表した2018年のデジタル競争力ランキングでは、1位がアメリカで、日本は22位と韓国の14位に比べても大きく後塵を拝している。現状のままでは、日本は危ういと言わねばならない。

現場の若いエンジニアの中には挑戦したい気持ちを持っているものも多数いる。組織の上級管理者や経営者は自分の若かった頃を思い出してほしい。当時の先輩上司はリスクを負ってチャレンジさせてくれただろう。だから今度はあなたがリスクをとり、先頭に立つ番だ。さあ、今日からチームを作ってIoT化の検討を始めようではないか。

提言2　IoT化による少子高齢化対策の実現
　　　　人的ミスや人手不足を解決する

　我が国は20世紀後半から豊かになり、寿命も延び、ライフスタイルが多様化した。これは人類が誕生以来、夢見てきたことなのでとても喜ばしいことだ。半面ライフスタイルの多様化や寿命が延びたことにより、近年、少子高齢化が危機感を持って叫ばれている。

●IoTの活用で人手不足は怖くなくなる

　2000年を起点にした場合現在、アメリカの人口は16％増加し、英国では13％の増加、カナダでは21％の増加を見たが、日本は1％（約130万人）減少した。また2000年以降、就業年齢に達した日本の労働者の数は13％減少したが、アメリカでは逆に13％増加している。恐ろしいのは、2040年までに日本人の3人に1人以上が65歳以上になることで、これは世界でダントツに高い比率だ。

　この対策を移民などに頼っていては、日本も今のヨーロッパやアメリカ社会のようになる。日本人でこれを好む人はいないだろう。やはり日本らしく、技術で乗り越えるべきだ。

　直近では検査データの改ざんなどの不正が行われ、日本製品の品質を危ぶむ事件が多発している。これは日本製品の品質を落とす国家的な問題である。筆者が現役だったころ、検査データの改ざんなど想像することもできなかった。これは技術者や職人不足に起因していると、一部で報道されている。

　しかし、製造業の現場にIoTを活用することにより、特定の技術者や職人に依存している判断業務の見える化ができ、AIの活用で自動制御できるようになる。これにより、人に頼る部分の作業が削減され、データの改ざん問題などは少なくなる。加えて、人的ミスや人手不足の改善も図ることができる。また、ブロックチェーン技術などを活用すれば、政府による記録の改ざんなども防げる。

　このようにIoT化によって解決できる問題は多く存在する。日本の人口は少なくなるとはいえ、現在は西欧のどの国よりもはるかに多く、GDPはまだ世界第3位だ。今のうちに手を打つべきである。

●IoTは高齢化を救う

　世界の先進国は高齢化に向かっている。そして日本の人口は減少している。だ

が、果たして人口減少は悪いことなのだろうか。

　議論の多くは、現在の経済環境が今のトレンドのままという前提でなされている。しかし今後は、IoTやAIの活用でこれまで人がやっていた仕事が、どんどん機械化される、ロボットで代替されるようになる。IoTやAIの活用は高齢化による人的ミスを無くし、さらにはIoTの監視運用など高齢化した人員の雇用までも可能にし、高齢化社会の一つの解決策につながる。

　最近は日本人も、日本の少子高齢化と人口減少は深刻な問題との認識が広まっている。眼前の危機を克服するときに、技術革新は起きる。だから、今は日本にとってチャンスなのだ。

　日本は先頭を切って少子高齢化社会に突入したのだから、いち早く世界のモデルとなる価値観を確立すればよいのだ。1人当たりの生産性を上げる、所得を2倍、3倍にするなどの具体的な目標を掲げて、IoT化の推進を図るべきだ。

●IoTは地方の活性化につながる

　現在、少子高齢化の一途を辿るように日本の農業も漁業も林業も高齢化が進んでいる。あらゆる産業に少子高齢化の波が押し寄せている。しかも、地方から産業の基盤である若者が離れている、というのが一般の常識だろう。

　しかし、都道府県別で人口が増えているのは、沖縄・東京・埼玉・愛知・神奈川・福岡・滋賀・千葉の8都県で、増加率トップは沖縄だ。沖縄は出生率もダントツに高く、東京の1.5倍もある。都道府県別の沖縄の人口は滋賀や山口よりも多く25位で、人口密度は9位だ。今や沖縄は観光産業が中核になっている。

　沖縄をハワイと比べてみると、人口は共に約143万人とほぼ同じだが、観光客数は2017年に沖縄が939万人とハワイの938万人を上回った。観光客数の前年比の伸びは、沖縄が9％とハワイの6％に対してこれまでと変わらず上回っているので、今後の課題は観光客の滞在日数をいかに増やすかだと言われている。

　ここに地方活性化のヒントがある。地方活性化は観光産業だけではない。IoTを活用することで、これまで衰退の一途だった地方の産業を活性化させればよいのだ。その一つが農業や漁業、林業だ。

　生産性が低いといわれている日本の農業や漁業、林業は、IoTやAI、ロボットを活用することでこれまでとはイメージが変わってくる。IoTなどの活用は、人員減少が続く農業や漁業、林業などの地場産業に夢を与え、若者にも将来期待できる職を作るので、地方の活性化を図ることが可能となる。

提言3　日本企業はどう対応すべきか　IoTのキモであるプラットフォームビジネスについて

　筆者は前著『俯瞰図から見える　IoTで激変する日本型製造業ビジネスモデル』で、国家を挙げて整然と標準化に突き進むインダストリー4.0にドイツ人の国民性を感じるし、金脈を目指してカウボーイたちが「われ先に」と競い合っているようなIICにも、アメリカ人の国民性を感じる。同様に、日本には日本人の国民性にあった施策の展開が必要だとして、日本が対応すべき提言を三つ示した。一つは「日本の文化に立脚した日本のIoT戦略」、二つ目は「社会インフラのIoT化は国家プロジェクトで」、三つ目は「公共性が高い技術階層は公共で」だった。

　ここでは、プラットフォームビジネスに絞った提言をする。インターネットをベースとしたプラットフォームビジネスの特徴は、自身では生産手段や売るための資源を持たずに、第三者の製造者（アプリケーション開発者）と消費者とを効率よく結びつける取引活動を体系にまとめている。この効率よく結びつける仕組みをプラットフォームと呼んでいる。

　このことは配車サービスのウーバー（Uber）や民泊のエアビーアンドビー（Airbnb）、ユーチューブがやっていることを考えるとよくわかる。このタイプの企業の特徴は、トップダウン式の経営計画と階層的組織によって価値を生み出し、それをターゲット顧客層に効率的に分配していることだ。このビジネスでは何を所有しているかよりも、何を結び付けるかの方が重要になる。それを可能にしているのは、モノやサービスを作ったり提供したりする人と消費者とを効率よく結びつけて、モノやサービスの情報交換を可能にするシステムだ。

　もう一つが、iTunesやYouTubeなどのコンテンツプラットフォームであり、iOSやアンドロイド、リナックスの開発プラットフォーム、GEのプレディックスやボッシュのBosch IoT Suite、シーメンスのマインドスフィアのメーカー型IoTプラットフォームだ。これらのプラットフォームも第三者の製造者（アプリケーション開発者）をうまく抱き込むことで成長している。つまりユーザーがやりたいと思うことは何でも、そのためのアプリケーションが第三者により作られるのだ。

　このプラットフォームの分類に従うと、日立の「ルマーダ」や富士通の「スマーヴィア」はGEやシーメンスのようにIoTプラットフォームを競合他社にも

提言3　日本企業はどう対応すべきか　IoTのキモであるプラットフォームビジネスについて

提供するレベルには至っていない。したがって、まだ自動車のシャーシレベルのプラットフォームと言わざるを得ない。

　日本製品が世界中に受け入れられた高度成長期は、製品単独での使用が主だったため、言語の壁はそれほど大きな問題ではなかった。しかし、最近はモノの価値がソフトウェアを組み込んで評価されるようになっている。モノを補完してくれるソフトウェア開発者やそのユーザーの多くは英語を利用する人々だ。こうした中で日本企業が世界に先駆けてネットワーク効果を効かそうとするのは難しい。

　インターネットは人を相手にしているので、そこで使われる言語の人口に比例して有利になるから、先進国のアメリカに最も有利な条件が整っている。次に有利なのが世界の人口の4分の1を占める中国である。言語圏の人口に違いがあるから、インターネットサービスでアメリカや中国と競争してもなかなか勝てない。

　しかし、相手がモノのIoTでは、「言語」ではなく「数値」でやり取りするので、言語の壁は相対的に低くなる。これは日本にとってチャンスで、世界と十分戦えるし、日本にも勝機がある。日本の高度成長期に家電製品が世界を席巻したように、IoTのビジネスにいち早く取り組み、世界をリードする、世界を席巻する巨大企業に成長できるチャンスは十分ある。

　大事なことは、日本製のモノを補完してくれる第三者の製造者（アプリケーション開発者）の獲得のために、IoTやAIを活用した技術革新で、世界のスピードに負けないことだ。

　日本の製造業は、中国をはじめとする東アジアに多数進出している。この東アジアのマーケットはしっかり押さえなくてはならない。しかし、昨今の中国の「中国製造2025」の取り組みは、日本の技術を脅かすものになる。

　日本政府はIoTに関する国家プロジェクトや特区を作り、政治的なサポートも含め、新たな構想を創造する技術者の育成や研究支援を企業に対して行っていく必要がある。さらに、日本政府は日本企業が国産のIoTプラットフォームを採用することを積極的に後押しする施策を展開しなければ、日本にとって大切な東アジアもアメリカやドイツのマーケットになってしまう恐れがある。

おわりに

　前著『俯瞰図から見える　IoTで激変する日本型製造業ビジネスモデル』の出版から3年経過した現在、日本企業のIoT化はどこまで進んでいるのか。IoT化が思うように進んでいない企業があるとすれば何が壁となって立ちふさがっているのか。この課題に対して、再度世界のIoTの先進企業の動向や日本企業の動向を調べた。

　そこから見えてきたことは、日本企業のIoTの活用は着々と進んではいるが、経営的にはまだ大きな成果を得るまでには至っていないことだった。その理由は、IoT化を進めるにあたっての見えない壁の存在があり、このままで日本はドイツに、アメリカに、さらには中国にも遅れてしまうのではないかという危機感だった。そこでその課題やIoT化を進めるにあたっての壁を乗り越えるための処方箋を纏めた次第である。

　従来のやり方ではこれからのIoT時代に通用しない。危機だと考えている経営者や事業計画を担当している方々が、事業のIoT化に取り組み始めようと決断をしようとした時に、本書が少しでもお役に立てれば、著者としてこれ以上の喜びはない。

謝　辞

　本書の執筆でも多くの方々にご指導を仰ぎました。
　経営的視点から数々のご助言を賜った日立システムズ社長の北野昌宏さんに心から御礼申し上げます。
　第1部の日立のIoTプラットフォーム「ルマーダ」について最新の状況を教えていただいた日立製作所執行役専務の柴原節男さんと同社理事（CSO）の松原康範さん、それに同社経営統括本部部長の小日向亘昭さんに御礼申し上げます。第2部のセキュリティの最新の動向について教えていただいた日立システムズ技監（元同社常務執行役）の高橋純一さんと同社事業部長の阿部直さん、それに日立製作所サイバーセキュリティ技術本部本部長の村山厚さんに感謝いたします。またコード統一の実践について教えていただいた日立システムズ副社長の小塚潔さんと同社理事の鈴木新太さんに感謝いたします。
　最後に、執筆の初めから出版に至るまで終始ご助言を賜った国立研究開発法人新エネルギー・産業技術総合開発機構「NEDO」の前理事長の古川一夫様（元日立製作所社長）に、厚く御礼申し上げます。
　さらに、編集協力していただいた日刊工業新聞社の藤井浩さん、その他お世話になった多くの方々に、この場を借りて感謝申し上げます。
　本書は私の3冊目の執筆です。読者の皆様の強い後押しを頂き、出版に至る事ができました。本書も皆様に、少しでもお役に立てれば幸いです。

参考文献

序章

[1]：JETRO発行「Industrie4.0とEUにおける先端製造技術の取り組みに関する動向」(2014年6月)

[2]：IIC公式HP「http://www.IIConsortium.org/members.htm」(2015年12月現在)

[3]：GE「Industrial Internet」(2012/11)

[4]：ドイツニュースダイジェスト「第4次産業革命「インダストリー4.0」モノづくり大国ドイツの挑戦」03. Jun. 2016

[5]：IIC Quarterly Report (2015年11月)

[6]：総務省「平成28年度版 情報通信白書」(2016/08)

[7]：TechFactory「トヨタが全面採用を決めた「EtherCAT」とは何か」(2017/2/17)

[8]：内閣府「第5期科学技術基本計画」(2016/1/22)
http://www8.cao.go.jp/cstp/kihonkeikaku/5honbun.pdf

[9]：F. William Engdahl「欧米はなぜ『中国製造2025』を恐れるのか」(2018/8/3) http://eigokiji.cocolog-nifty.com/blog/2018/08/2025-dd90.html

[10]：IDC Japan「国内IoT市場 産業分野別予測」(2018/3/14)

[11]：ivi「IICとインダストリアルIoT推進での連携に合意しました」(2017/4/26) https://iv-i.org/wp/ja/2017/04/26/001-3/

第1章

[1]：大野治（著）「俯瞰図から見える IoTで激変する日本型製造業ビジネスモデル」日刊工業新聞社 (2016/12/23)

[2]：Industrial Internet Insights Report For 2015 (GE & Accenture、2014)

[3]：小泉耕二（著）「2時間でわかる 図解「IoT」ビジネス入門」あさ出版 (2016/7/1)

[4]：八子 知礼（著）「IoTの基本・仕組み・重要事項が全部わかる教科書」SBクリエイティブ (2017/10/19)

[5]：伊藤 穰一（著），アンドレー・ウール（著）「教養としてのテクノロジー――ＡＩ、仮想通貨、ブロックチェーン」NHK出版 (2018/3/8)

第2章

[1]：三菱電機株式会社 執行董事 中国総代表 富澤 克行「三菱電機Biz Timeline価値を生む、スマート工場インタビュー」http://www.mitsubishielectric.co.jp/business/biz-t/special/

193

e-factory/interview01.html

[2]：ガートナー「国内企業のIoTへの取り組みは緩やかに前進、経営者の姿勢が鍵に」（2017/04/12）

[3]：IDC Japan「国内におけるIoTの取り組み状況調査」（2016/8/3）

[4]：内閣府「平成30年版 経済財政白書：：今、Society5.0の経済へ」日経印刷：（2018/8/8）

[5]：富士通総研「待っていては乗り遅れるIoT活用」（2017/5/16）http://www.fujitsu.com/jp/group/fri/column/opinion/2017/2017-5-3.html

[6]：ガートナー「日本企業のIoT推進に関する調査」（2018/4/17）https://www.gartner.co.jp/press/html/pr20180417-01.html

[7]：ガートナー「市場調査結果に見る、日本企業のIoT取り組みの進捗」（2015/6/29）https://it.impressbm.co.jp/articles/-/12522

[8]：日本経済新聞「コマツ、建機のIT化から見える自動運転の未来」（2017/10/5）

[9]：坂根 正弘（著）「ダントツ経営」日本経済新聞（2011/4/8）

[10]：尾木蔵人（著）「決定版 インダストリー4.0」東洋経済新報社（2015/9/18）

[11]：日刊工業新聞「リコー、顧客訪問件数を半減。IoTで複写機事業のコスト削減へ」（2017/6/20）

[12]：MONOist「三菱電機 名古屋製作所、FA機器快進撃の舞台裏」（2014/3/28）http://monoist.atmarkit.co.jp/mn/articles/1403/28/news003.html

[13]：「三菱FA統合ソリューション　e-F@ctory」カタログ（2011）

[14]：IoT/AI事業支援サービス「ヤマト運輸、IoT活用ですべての集配車に車載端末を導入」（2017/10/31）https://iotnews.jp/archives/74079

[15]：窪田 新之助（著）「日本発「ロボットAI農業」の凄い未来」講談社（2017/2/21）

[16]：神門 善久（著）「さよならニッポン農業」生活人新書（2010/6/8）

[17]：ビジネス＋IT「IoTによる「都市型農業」が本格化、高級住宅地ではゴルフ場の代わりに農地を作る」（2018/05/30）https://www.sbbit.jp/article/cont1/34762

[18]：日経ビジネス「ひろがる水産業のIoT、養殖魚をスマホで確認」（2018/6/11）https://business.nikkeibp.co.jp/atcl/report/15/226265/060800262/?P=3

[19]：鍋野 敬一郎「日本が取り組むIoTの現状と行方」（2015/4/22）https://www.hitachi-solutions.co.jp/belinda/sp/special/column15/page04.html

第3章

[1]：General Electric Company　2014 FORM 10-K（Annual Report含む）

[2]：DIGITAL RESOURCE PRODUCTIVITY（Brandon Owens、GE、2014）

[3]：ボッシュソフトウェアイノベーション – IoT デバイス管理 –
「https://www.bosch-si.com/media/bosch_si/website_jp/device_management_brochure_jp.pdf」（2017/9/18）

[4]：ボッシュホームページ「IoT プラットフォーム IoT データ資料企業情報」「https://www.bosch-si.com/ja/home/homepage.html」

[5]：ボッシュソフトウェアソリューションでコネクテッドワールドへの道を拓く「https://www.bosch-si.com/ja/home/homepage.html」

[6]：ボッシュ「ドイツのドレスデンに12インチ・ウエハの半導体工場を新設」（2017/7/7）
https://autoprove.net/supplier_news/bosch/48430/

[7]：日本経済新聞「産業用IoTに攻め込むIT巨人、迎え撃つシーメンス」（2018/10/18）

[8]：ボッシュ「10億ユーロを投資し独ドレスデンに半導体工場を建設」（2017/6/23）https://motorcars.jp/bosch-invests-1-billion-euros-and-builds-semiconductor-factory-in-dresden-germany20170623

[9]：フォレスター・リサーチ「Forrester Wave™：Industrial IoT ソフトウェアプラットフォーム、Q3 2018」（2018/8/9）https://www.forrester.com/report/The+Forrester+Wave+Industrial+IoT+Software+Platforms+Q3+2018/-/E-RES138078

[10]：ガートナー「Gartner Magic Quadrant for Industrial IoT Platform」（2018/5/11）
https://www.gartner.com/doc/3874883/magic-quadrant-industrial-iot-platforms

[11]：日本経済新聞社「独シーメンス、「工場IoT」で攻勢、中小に照準」（2017/12/7）

[12]：MONOist「インダストリー4.0は実装段階と訴えるシーメンス、マインドスフィアも新フェーズ」（2018/4/25）

[13]：アレックス・モザド（著），ニコラス・L・ジョンソン（著）「プラットフォーム革命」英治出版（2018/2/7）

[14]：スコット・ギャロウェイ（著）「the four GAFA 四騎士が創り変えた世界」東洋経済新報社（2018/7/27）

[15]：日立ホームページ「Lumadaとは」http://www.hitachi.co.jp/products/it/lumada/about/index.html

[16]：日立ホームページ「Lumadaのユースケース」http://www.hitachi.co.jp/products/it/lumada/usecase/index.html

[17]：MONOist「トヨタと日立がIoT基盤活用の実証実験を開始、突発的な故障の未然防止など目指して」（2017/10/5）http://monoist.atmarkit.co.jp/mn/articles/1710/05/news024.html

[18]：ITmediaエンタープライズ「日立がIoT事業で大事にしていること」（2017/6/12）http://

www.itmedia.co.jp/enterprise/articles/1706/12/news051_2.html
- [19]：IoT/AI事業支援サービス「富士通、流通業界向けのIoT活用サービス基盤「SMAVIA（スマーヴィア）」を販売開始」（2018/2/20）https://iotnews.jp/archives/85920
- [20]：「シーメンスからの提案：いいものをつくり、いいものづくりをするPLMソフトウェア」（2010）
- [21]：MONOist「世界最大の産業展示会に82社の日本企業が参加、日本版モノづくりを訴求」（2018/3/1）http://monoist.atmarkit.co.jp/mn/articles/1803/01/news066.html

第4章

- [1]：ジェレミー・リフキン（Jeremy Rifkin）書「限界費用ゼロ社会（2015年）」
- [2]：パンフレット「ライフスタイルを試作する」（ストラタシス・ジャパン、2015）
- [3]：ケーススタディ「成功へのイノベーション」（ストラタシス・ジャパン、2015）
- [4]：藤本隆宏（著）「能力構築競争－日本の自動車産業はなぜ強いのか」中公新書（2003/6/25）
- [5]：Additive Manufacturing Trends in Aerospace（Stratasys、2013）
- [6]：鍋野 敬一郎「モノよりもうかる？ サービス領域に対するIoT活用の考え方」（2015/12/4）http://monoist.atmarkit.co.jp/mn/articles/1512/04/news050.html

第5章

- [1]：内閣サイバーセキュリティセンター（著）「情報セキュリティハンドブック」（2017/7/14）
- [2]：みやもと くにお（著），大久保 隆夫（著）「イラスト図解式 この一冊で全部わかるセキュリティの基本」SBクリエイティブ（2017/8/30）
- [3]：サイバーセキュリティcom「標的型メール攻撃とは？その特徴と対策を徹底解説」（2018/03/21）
- [4]：サイバーセキュリティcom「DoS攻撃・DDoS攻撃とは？攻撃の目的や種類、事例、対策方法を解説」（2018/03/05）
- [5]：ネットワーク総研「大被害をもたらしたDDoS攻撃の主役はご家庭のIoTデバイス50万台!?」（2016/11/09）
- [6]：ケビン・ミトニック，ウィリアム・サイモン（著）「欺術（ぎじゅつ）―史上最強のハッカーが明かす禁断の技法」（2003/6/25）
- [7]：西本 逸郎・三好 尊信（著）「サイバー戦争の真実」（2012/2/7）
- [8]：ハッカージャパン編集部「最新版～サイバー攻撃セキュリティリポート」（2012/9/14）
- [9]：リチャード.P.ファインマン（著）「ご冗談でしょう，ファインマンさん」（2000/01）
- [10]：日本経済新聞「サイバー攻撃、誘う「蜜つぼ」 おとりで新手口収集 」（2018/7/29）

[11]：日経産業新聞「サイバー攻撃の予兆、闇サイトで発見　顧客企業に通知」(2018/8/21)
[12]：ITmedia エンタープライズ「史上最大級のDDoS攻撃に使われたマルウェア「Mirai」公開、作者がIoTを悪用」(2016/10/4) http://www.itmedia.co.jp/enterprise/articles/1610/04/news046.html
[13]：ZDNet Japan「量より質Miraiは沈静化--最近見られたDDoS攻撃の変化」(2017/9/21) https://japan.zdnet.com/article/35107520/

第6章

[1]：光國光七郎（著）「知識創造時代の事業構造改革　進化するBPR」(2012/12/1)
[2]：福岡伸一（著）「生物と無生物のあいだ」講談社（2007/05/20）
[3]：経済産業省「DXレポート～ITシステム2025年の崖」(2018/9/7) http://www.meti.go.jp/shingikai/mono_info_service/digital_transformation/pdf/20180907_02.pdf
[4]：森　秀明（著）「ＩＴ不良資産」ダイアモンド社（2003/04/17）
[5]：経営システム研究会（編集）「NTTドコモ リアルタイム・マネジメントへの挑戦」(2004/04)

第7章

[1]：大野治（著）「プログラムマネジメント考－プロジェクトマネジメントを通じて辿り着いた現時点の到達点」PM学会教育・出版シリーズ（16）2015年度PM実施賞受賞報告（2016/3/10）
[2]：大野治（著）「俯瞰図から見える 日本型AI（人工知能）ビジネスモデル」日刊工業新聞社（2017/12/14）

第3部

[1]：藤本 隆宏（著）「現場から見上げる企業戦略論」角川新書（2017/7/10）
[2]：リーアンダー・ケイニー（Leander Kahney）著「ジョナサン・アイブ　偉大な製品を生み出すアップルの天才デザイナー」日経BP社（2015/1/9）
[3]：藤原 洋（著）「全産業「デジタル化」時代の日本創生戦略」PHP研究所（2018/8/24）

執筆協力者

蛯原貞雄（えびはらさだお）

　1951年茨城県生まれ。1970年茨城県立竜ケ崎第一高等学校卒業。同年、日立製作所入社。1974年日立京浜工業専門学校卒業。SE（システムエンジニア）として、官公庁、自治体のシステム開発に従事。1986年、日立公共システムエンジニアリング（現日立社会情報サービス）発足と同時に転籍。1997年同社開発本部開発2部部長、筆者・大野治と共に30年に亘って多くの巨大プロジェクトの開発に従事。2006年同社取締役として研究開発部門、プロジェクトマネージメントや生産技術などの部門を指揮。2014年同社退任。

前田貴嗣（まえだたかし）

　1964年佐賀県生まれ。1987年九州産業大学工学部電気工学科卒業。同年、日立電子サービス入社。2011年日立システムズの発足時に転籍し、経営戦略本部事業企画部長としてIoTなどの新規事業立上げに従事。2015年同社、産業・流通プラットフォーム事業部本部長として、IoTを含むインフラサービス事業に従事。2017年より同社、産業・流通インフラサービス事業部事業部長（現職）。

【著者略歴】
大野　治（おおの　おさむ）

1948年福岡県生まれ。
1969年、宇部工業高等専門学校電気工学科卒業。同年、日立製作所入社。SE（システムエンジニア）として官公庁・自治体のシステム開発に従事。プロジェクト立て直し請負人として、失敗プロジェクトを次々と成功に導く。2001年より、同社の最大事業である情報・通信事業の生産技術とプロジェクトマネジメントの責任者として、システム開発の生産性向上に取り組む。2005年より、日立グループ全体の社内情報システムの責任者として、それまで日立グループ各社・各工場に分散していた基幹システムを一本化。2009年より、日立製作所執行役常務及び電力システム社CIOを兼務。この頃より、日立グループ各社の経営者からの情報システム刷新と経営改革の支援依頼に基づき、日立グループ各社の改革に取り組む。2012年より、日立システムズ取締役専務として同社の経営統合に伴う情報システム統合、日立グループ情報・通信事業の改革を主導。2014年より、同社特別顧問。2016年、同社退任。
プロジェクトマネジメント学会会長（2007年～2008年）、2014年から同学会アドバイザリボード議長（現職）、国際CIO学会理事（2006年～2011年）を歴任。2001年、埼玉大学にて学位取得（工学博士）。
日立グループの役員時代（2009年～2015年）に取り組んだ経営改革の範囲は、日立グループの約50％（売上比）に及ぶ。
著書に「俯瞰図から見えるIoTで激変する日本型製造業ビジネスモデル」「俯瞰図から見える日本型"AI（人工知能）"ビジネスモデル」共に日刊工業新聞社がある。

俯瞰図から見える
日本型IoTビジネスモデルの壁と突破口　　NDC580

2019年2月25日　初版1刷発行　　　　定価はカバーに表示されております。

　　Ⓒ著　者　　大　野　　　治
　　　発行者　　井　水　治　博
　　　発行所　　日刊工業新聞社
　　　〒103-8548　東京都中央区日本橋小網町14-1
　　　電話　書籍編集部　03-5644-7490
　　　　　　販売・管理部　03-5644-7410
　　　　　FAX　　　　　　03-5644-7400
　　　振替口座　00190-2-186076
　　　URL　http://pub.nikkan.co.jp/
　　　email　info@media.nikkan.co.jp
　　　印刷・製本　新日本印刷

落丁・乱丁本はお取り替えいたします。　　2019　Printed in Japan
ISBN 978-4-526-07930-6

本書の無断複写は、著作権法上の例外を除き、禁じられています。

●日刊工業新聞社の売行良好書●

重版続々出来！

俯瞰図から見える
IoTで激変する
日本型製造業ビジネスモデル

大野 治 著　　　　　　　定価 2000円＋税

モノと情報をつなぎ、新たな価値を生み出すというIoTが進んでいる。今やこれに乗り遅れることは、企業としての衰退を意味する。ただ、勘違いしてはいけないのが、「さまざまなモノをインターネットに接続する技術」が価値を生むのではなく、「さまざまなモノやヒトなどからデータを得て処理し、現実世界へフィードバックする」一連の活動の成果が価値を生むということだ。要は現実世界の活動にたして、新たな価値を生み出すことこそが肝心なのである。そこで本書では、今だあやふやなイメージのIoTを技術要件で8つに分解、分析し、さらにそこに市場の全体像を重ね全貌を明らかにすることで、日本の製造業の進むべき道を示す。

俯瞰図から見える
日本型"AI（人工知能）"
ビジネスモデル

大野 治 著　　　　　　　定価 2000円＋税

AI（人工知能）という言葉が流行となっているが、実態がよくわかっていないため、自分の事業にAIを使いたくてもなかなかうまく進まない。なぜ実態がよくつかめないかというと、AIについて報道されているニュースや出来事の中には、「本当にすごいこと」と「実はたいしたものではないこと」が混ざっていたり、また、「すでに実現したこと」と「もう少しで実現しそうなこと」、「実現しそうもないこと」が混在していることが原因だ。そこで本書では、今のAIの技術的全体像を俯瞰図でハッキリとさせ、さらに具体的なAIへの取り組み事例を挙げ、日本企業がどう戦うべきかの戦略を解き明かす。